COMPTE RENDU

DES ÉVÉNEMENS

QUI ONT EU LIEU A LYON

AU MOIS DE NOVEMBRE 1831.

Tous les Exemplaires non revêtus de ma signature seront poursuivis comme contrefaits.

PARIS, IMPRIMERIE DE DECOURCHANT,
Rue d'Erfurth, nº 1, près de l'Abbaye.

COMPTE RENDU

DES

ÉVÉNEMENS

QUI ONT EU LIEU

DANS LA VILLE DE LYON

AU MOIS DE NOVEMBRE 1831;

PAR M. BOUVIER-DUMOLARD,

PRÉFET DU RHONE.

Paris,

TENON, LIBRAIRE,

RUE HAUTEFEUILLE, Nº 30.

1832

A M. le Rédacteur du Constitutionnel.

Paris, 20 décembre 1831.

Monsieur,

En acceptant la préfecture du Rhône, après plusieurs jours
de refus, j'ai fait au Roi et au pays le sacrifice de mon indépendance, de mes goûts, de mes habitudes, de mes affections,
de ma santé et d'importans intérêts privés. Dans les trop déplorables événemens de Lyon, j'y avais ajouté celui de ma vie pour
maintenir l'autorité royale sur une grande population en partie
égarée, et qu'il eût été dangereux d'abandonner à la fermentation de ses idées et aux perfides suggestions de la malveillance.
Je ne mettais à mon dévoûment qu'une borne qu'un honnête
homme ne doit jamais franchir ni laisser franchir, M. le Président du conseil vient de la renverser.

Quand il n'est pas admis par un gouvernement que l'honneur
de ses agens, du moindre citoyen, lui est aussi sacré que les lois

divines; quand il l'immole au besoin de cacher ses propres fautes et de soulager sa responsabilité, il y a perturbation de la morale publique, les ressorts de l'autorité se relâchent, le désordre commence, et ne peut finir que par l'anarchie ou la tyrannie.

De deux choses l'une : ou les reproches qui me sont adressés par M. le Président du conseil sont fondés ; ou il n'y croit pas lui-même. Dans le premier cas, il y a prévarication et lâcheté à ne m'avoir pas encore destitué et à m'avoir même annoncé hier encore que je ne le serais pas. Dans le second cas, que penser de sa franchise et de sa loyauté dont il parle si souvent ?

Eh bien ! je vais au-devant de ses disgrâces, en priant le Roi, par une supplique que je lui adresse, de vouloir bien accepter ma démission de la préfecture du Rhône. Il faudrait que je n'eusse pas une goutte de sang généreux dans les veines pour que je consentisse à faire plus long-temps partie d'une pareille administration. J'ai besoin d'ailleurs de toute ma liberté afin de répondre à M. le Président du conseil et à M. le Ministre du commerce. Je vous prie, Monsieur, de m'ouvrir, à cet effet, les colonnes de votre journal : j'en ai pour plus d'un jour.

Agréez, etc.

Signé **BOUVIER-DUMOLARD.**

COMPTE RENDU

DES ÉVÉNEMENS

QUI ONT EU LIEU

A LYON

DANS LE MOIS DE NOVEMBRE 1831.

J'entrerai en matière sans préambule. C'est aux faits seuls à parler; les réflexions en surgiront d'elles-mêmes. Je rétablirai la vérité méconnue jusqu'à présent, en racontant simplement les choses telles qu'elles se sont passées, et je produirai à l'appui de ma relation des pièces officielles et le texte même de ma correspondance, si indignement mutilée par M. le Président du conseil.

Je parlerai d'abord du tarif. On ne s'obstine à le considérer comme l'œuvre du préfet que parce qu'on a besoin d'y attacher toute la responsabilité des événemens de Lyon.

Ensuite, je ferai connaître que c'est à l'imprévoyance, à l'incurie, à la coupable insouciance du ministère qu'il faut attribuer la cause
des désordres et la faiblesse de leur répression.

Cette assertion étant prouvée, je donnerai la
relation de ce qui s'est passé dans les malheu-
reuses journées des 21, 22 et 23 novembre.

Immédiatement après, je dirai quelle a été ma
position à Lyon, depuis la retraite des troupes
jusqu'à l'arrivée du Prince royal; position si extraordinaire en elle-même qu'il ne serait pas
étonnant qu'elle n'eût pas été comprise à Paris,
quand même le ministère ne se serait pas efforcé
de la dénaturer dans ses communications à la
Chambre et dans ses journaux.

Enfin, je publierai les faits qui ont accompagné
et suivi l'arrivée de S. A. R. et de M. le Ministre de la guerre, et je terminerai par la révélation
des véritables causes de ma disgrâce auprès de
M. le Président du conseil.

Les derniers événemens politiques, qui ont
exercé, en général, une si fâcheuse influence sur
les affaires commerciales, ont été peu sensibles,
je dois le dire, dans la fabrique de Lyon. Le travail n'a pas manqué, grâce à d'immenses com-

mandes faites par les Américains. L'année 1829 est celle de la plus grande activité de la fabrication, qui s'est élevée à près de six cent mille kilogrammes ; l'année de la révolution de juillet, 1830 à 1831, ne diffère de ce *maximum* que de quinze mille kilogrammes. Non-seulement tous les ouvriers ont été constamment occupés, mais la durée de leur journée de travail a été beaucoup plus longue, et six mille métiers sont restés oisifs de bras.

Dans cette situation, cependant, les ouvriers se plaignaient ; ils adressaient leurs respectueuses doléances à l'autorité ; ils se réunissaient avec ordre, calme et décence dans une maison particulière ; ils nommèrent des commissaires pour présenter et soutenir leurs réclamations. L'opinion publique se prononçait pour eux ; ils inspiraient un intérêt général, et tous les fabricans honnêtes avouaient que ces malheureux, en travaillant dix heures par jour, ne gagnaient pas seulement pour vivre.

On a dit à la tribune que les salaires des ouvriers de Lyon s'élevaient jusqu'à 5 fr. par jour, et l'on en a tiré la fausse conséquence que la journée moyenne était de 42 sous. Il est vrai que le petit nombre d'ouvriers qui font les velours, les brocards et autres étoffes riches, sont bien payés, parce que les bras manquent pour ces genres de fabrication. Aussi ne sont-ce pas ceux-là qui se plaignent. Mais il n'est que trop certain que le plus grand nombre, qui fabriquent les étoffes unies légères, ne peuvent pas gagner plus de 18 sous, même en prolongeant leur travail à la lampe (qui est encore une dépense) bien au-delà de la journée ordinaire. Je n'ai jamais entendu contester ce fait à Lyon. Il est, au contraire, constaté par les actes du conseil des prud'hommes et de la chambre de commerce.

Le 11 octobre, le conseil des prud'hommes, à la provocation de M. le lieutenant-général Roguet, s'assembla extraordinairement et prit une délibération qu'il m'adressa, ainsi qu'à la chambre de commerce, dans laquelle, considérant *qu'il est de notoriété publique que beaucoup de fabri- cans paient réellement des façons trop minimes, déclare qu'il est utile qu'un tarif au* minimum *soit fixé pour le prix des façons,* etc., etc.

Le même jour, 11 octobre, j'adressai mon premier rapport à M. le Président du conseil. Il n'en a donné qu'une analyse inexacte.

Le lendemain 12, M. le maire de Lyon réunit, à mon insu, à l'Hôtel-de-Ville, un certain nombre de fabricans et de chefs d'ateliers, qui convinrent des bases provisoires du tarif.

La question m'étant déférée dans cet état, et étant toute nouvelle pour moi, mon premier soin a dû être, ainsi que j'en ai informé M. le Président du conseil dans mon rapport général du 26, de m'entourer de toutes les lumières propres à me faire apprécier la véritable situation des choses et le meilleur moyen d'y apporter remède.

En conséquence, je réunis le 15, sous ma présidence, la chambre du commerce, et j'invitai MM. les maires de Lyon et des trois villes faubourgs à assister à la séance.

Il y fut établi, *sans contestation et à l'unanimité*:

1o que les ouvriers de la fabrique de soie étaient dans un état de souffrance réel;

2o Qu'une petite minorité de fabricans abusaient des circonstances pour faire des bénéfices considérables aux dépens de ces malheureux;

3o Qu'il était juste, utile et urgent de venir à leur secours par la publication d'un tarif des prix des façons librement consenti par les fabricans et les ouvriers, et qui pût servir de règle aux prud'hommes dans le jugement des différends qui leur seraient soumis;

4° Que cette mesure n'était pas nouvelle, et que, spécialement autorisée par un arrêt du conseil du 29 novembre 1789, on y avait eu recours, avec succès, à différentes époques, et notamment à cette même date de 1789, sous l'Assemblée constituante, grande réformatrice des abus; le 22 juin 1793, dans un temps où les idées de liberté étaient portées à l'exagération; le 10 frimaire an XI, ère du rétablissement de l'ordre; et, enfin, le 18 juin 1811, à une époque qui n'était pas celle de la faiblesse de l'administration. Ces deux derniers tarifs portent, l'un la signature de M. Bureaux de Puzy, et l'autre celle de M. le comte de Bondy, alors préfet du Rhône.

Et séance tenante, vingt-deux fabricans, pris dans les divers genres de fabrication, furent désignés par la chambre de commerce pour discuter et arrêter les bases de ce tarif, contradictoirement avec un nombre égal d'ouvriers, chefs d'ateliers, délégués par les commissaires élus dans leur première réunion.

C'est à cette date du 15 octobre que j'ai fait à

M. le Président du conseil mon second rapport. Il avait ses raisons, sans doute, pour l'omettre entièrement dans la lecture qu'il a faite à la Chambre d'une partie de ma correspondance ; je crois donc devoir le rapporter ici textuellement :

« La chambre de commerce s'est occupée aujourd'hui, sous ma présidence, de l'établissement d'un tarif du prix des façons des étoffes de soie, vivement réclamé par une délibération du conseil des prud'hommes, en date du 11 de ce mois.

» Les maires de Lyon et des trois villes-faubourgs assistaient à cette séance.

» Il a été reconnu, à l'unanimité moins une voix, que l'état de souffrance de la classe ouvrière exigeait de prompts soulagemens. On est allé jusqu'à dire qu'un certain nombre de fabricans abusaient de la difficulté des temps pour boire le sang de leurs malheureux ouvriers ; et il est remarquable que ce cruel reproche leur était adressé par les plus notables fabricans qui font partie de la chambre de commerce.

» Séance tenante, cette chambre a désigné vingt-deux fabricans choisis dans les différens genres de fabrication, pour débattre et arrêter les bases d'un tarif, contradictoirement avec un nombre égal de délégués des chefs d'ateliers, suivant la forme suivie dans plusieurs précédens.

» J'aurai soin de vous tenir informé de la marche de cette affaire, à laquelle l'autorité n'assiste que dans l'intérêt de la police générale, et de vous adresser, après sa conclusion, un

rapport général de toutes les circonstances qui s'y ratta-
chent. »

C'est à l'occasion de cette séance et de la suivante, que j'écrivais encore à M. le Président du
conseil :

« Convaincu que la politique était tout-à-fait étrangère à
la fermentation qui se manifestait parmi les ouvriers; qu'il
y avait un besoin réel, une nécessité pressante, qui exi-
geaient impérieusement satisfaction d'une manière ou d'une
autre; que s'ils ne l'obtenaient pas par les voies légitimes
auxquelles ils avaient d'abord eu recours, force leur serait
de s'abandonner aux criminelles suggestions de la faim; convaincu que c'était une affaire qui ne pouvait être arrangée
qu'avec de la bienveillance, et que la moindre menace de
force aurait infailliblement les conséquences les plus funestes, je convoquai de nouveau la chambre de commerce pour
le 21, et j'appelai à cette réunion le conseil des prud'hommes, les maires des quatre villes et les quarante-quatre représentans des fabricans et chefs d'ateliers chargés de convenir des bases du tarif.

» Une difficulté inattendue s'éleva dans cette assemblée.
Les fabricans déclarèrent qu'ayant été désignés d'office, ils
ne croyaient pas représenter la fabrique, et ne pouvaient en-
gager qu'eux-mêmes. A cette observation, les délégués des
ouvriers demandèrent que la séance fût ajournée pour donner aux fabricans le temps de se réunir et de nommer leurs
représentans.

» Faisant droit à cette juste réclamation, je levai la séance, en annonçant qu'une nouvelle convocation serait faite aussitôt que je connaîtrais les délégués choisis par les fabricans.»

Par un troisième rapport du 22, j'ai rendu compte de cette séance à M. le Président du conseil; il le reconnaît.

Les fabricans se réunirent en trois sections, sous la présidence d'autant de membres du corps municipal, ainsi que cela se pratique pour l'élection des membres du conseil des prud'hommes et celle des notables commerçans. Jamais leur réunion n'avait été aussi nombreuse; ils y nommèrent 23 mandataires chargés d'arrêter le tarif, contradictoirement avec un nombre égal de délégués des chefs d'ateliers.

Ici, je dois faire une remarque importante. La mauvaise foi a donné à entendre que le tarif avait été fait sous l'influence de la peur et en présence de l'insurrection.

Cependant, depuis le 8, aucun rassemblement d'ouvriers n'avait eu lieu, et encore celui-ci n'a-t-il pas été public; la délibération du conseil des prud'hommes, du 11; celle de la chambre de commerce, du 15; la réunion des fabricans pour la nomination de leurs délégués, l'acceptation du mandat par ces derniers, n'ont pas même le prétexte d'une apparence d'impulsion extérieure. Tous agissaient d'un commun accord, et avec la plus entière liberté.

M. le maire m'ayant adressé les noms des vingt-trois mandataires des fabricans, je les convoquai pour le 25, avec un nombre égal des délégués des chefs d'ateliers, à l'effet de débattre leurs intérêts en présence de la chambre de commerce et du conseil des prud'hommes.

Chacun fit son arrangement particulier, indépendamment des autres, et en apporta le résultat signé, au préfet, dont toute l'action se borna à permettre d'afficher le tarif, en le certifiant, avec le maire, conforme aux minutes déposées entre les mains de ce dernier.

Où donc est l'illégalité? où surtout est la contrainte? Sur qui et comment aurait-elle été exercée? Quelle est la puissance qui aurait pu obliger les fabricans à demander à se réunir pour nommer leurs délégués? Qui les a forcés de s'assembler pour faire ces élections? Qui a contraint les élus à accepter ce mandat et à le remplir, dans une discussion de six heures, avec toutes les apparences de la plus entière liberté? Où donc est la protestation, la plainte, la simple observation qui ait averti que cette liberté n'existait pas? Pourquoi les prud'hommes et les membres de la chambre de commerce, défenseurs naturels de la liberté du commerce et de l'industrie, n'ont-ils pas dit un seul mot pour prévenir l'autorité de ses prétendus écarts? Loin de là, tous les membres de ces corps sont complices, que dis-je? sont agens provocateurs du tarif, aussi bien que les maires et l'immense majorité des fabricans.

Il faut donc avouer qu'il n'y a point eu d'illégalité dans la mesure, point de contrainte exercée d'aucun côté, point de sanction de l'autorité, point de garantie d'exécution donnée ou promise. L'autorité n'est intervenue que comme médiatrice, pour donner aux intérêts opposés les moyens de se rapprocher et de s'entendre.

Elle n'a exercé aucune contrainte, et tout le monde sait qu'un pareil despotisme serait impossible aujourd'hui; elle n'a pas donné de sanction, parce qu'elle n'est pas assez étrangère aux premières notions de l'économie politique, pour ignorer qu'elle ne peut pas régler les conventions entre le fabricant et l'ouvrier qu'il emploie. Elle s'est bornée à certifier ce qui s'est passé en sa pré-

sence, et sa signature, apposée dans cette intention, n'était qu'une simple légalisation, et ne pouvait donner au tarif aucune force d'exécution
qu'il n'aurait pas eue en lui-même.

Ce tarif n'était donc autre chose, pour les fabricans, qu'un contrat d'honneur qui n'avait
qu'une puissance morale, mais qui n'en était que
plus loyalement exécuté par l'immense majorité
d'entre eux, parce qu'ils l'avaient loyalement
consenti : pour les prud'hommes, c'était, non une
loi, mais une règle, ou au moins un renseigne-
ment utile pour éclairer les débats qui s'éleve-
raient entre les fabricans et les ouvriers; et pour
l'autorité, c'était une potion calmante donnée à
une multitude en proie aux plus pressans besoins,
et qui se serait dès-lors abandonnée aux plus déplorables extrémités, si ses justes plaintes avaient
été accueillies avec mépris ou repoussées par la
force.

On a parlé du rassemblement d'ouvriers du 25
octobre, jour de l'adoption du tarif, pour donner
à entendre qu'il avait été signé sous l'influence
de la peur.

Il est vrai que, dès dix heures du matin, une
heure avant la séance, on vit arriver successive-

ment les ouvriers au nombre de plusieurs mil-
liers, dans le plus grand silence, et se rangeant
avec ordre sous les portiques de la vaste cour de
la préfecture. Lorsque j'en fus averti, je me rendis
au milieu d'eux revêtu de mon costume, et spon-
tanément tous les fronts se découvrirent. « Je
» comprends, leur dis-je, les motifs qui vous amè-
» nent ici. Vous êtes impatiens de connaître plus
» tôt la résolution qui va être prise; mais la mal-
» veillance calomniera vos intentions, et dira
» que vous avez arraché par la force les conces-
» sions qui pourraient vous être faites. Vous gâtez
» votre cause ! Vos délégués vont venir pour dé-
» fendre vos intérêts. Il faut que cette délibération
» soit libre pour que les effets en soient justes et
» durables. Ne faites pas dire qu'elle a été prise
» sous l'influence de la peur. Je vous le répète,
» votre présence gâterait tout. Retirez-vous donc;
» retournez à vos travaux. Je déclare que, tant
» que je vous verrai ici, je n'ouvrirai pas la
» séance. »

Et ils se retirèrent à l'instant en bon ordre, au
cri de *vive le Préfet!*

Ils ne reparurent qu'après la séance, ayant demandé et obtenu la permission de revenir pour

apprendre leur sort. Je leur annonçai que le tarif était signé, et qu'ils devaient de la reconnaissance à MM. les fabricans pour la bonne grâce avec laquelle ils s'étaient prêtés à cet acte de justice et d'humanité. Des cris de *vive le Préfet!* m'ayant interrompu, « *Vive le Roi!* m'écriai-je avec force;
» c'est le seul cri qui doive être proféré par de
» bons citoyens; c'est au Roi qu'il faut rapporter
» tout le bien qui se fait, parce qu'il est tout dans
» son cœur. Retournez paisiblement à vos tra-
» vaux. Maintenant que vos réunions seraient
» sans motifs et sans excuse, je vous déclare que
» je ne les souffrirai plus; je connais tous mes
» devoirs, et je saurai remplir les plus pénibles,
» comme je viens d'accomplir les plus doux.
» *Vive le Roi!* »

Ce cri a été répété à la fois par 6,000 bouches.

Ainsi, M. le Président du conseil a été prévenu de tous les préliminaires du tarif par mes rapports des 11, 15 et 22 octobre, de même que je lui ai rendu compte de son adoption par mon rapport général du 26. Il a passé sous silence ma lettre du 15, et l'on conçoit facilement son intention : il voudrait faire croire qu'il n'a pas eu le temps d'arrêter la marche de cette affaire; mais il avoue qu'il a reçu le 25 celle du 22, et elle a dû lui être remise, non pas, comme il le prétend, à l'heure où l'on signait le tarif à Lyon, à cinq heures du soir, mais de grand matin, et certainement assez à temps pour qu'une dépêche télégraphique pût encore tout empêcher.

Ce n'est pas tout : M. le Président ignorait que le tarif dût être adopté dans la journée du 25; il pouvait tout aussi bien ne l'être que le 28 ou le 3o, et même plus tard; cependant sa première lettre est du 1er novembre, et elle ne m'est parvenue que le 4, ce qui annonce qu'elle n'a été mise à la poste que le 2.

Il résulte évidemment de ce simple rapprochement des dates que M. le Président du conseil a voulu laisser terminer le tarif avant de le frapper d'une improbation à laquelle, quinze jours plus tard, il a substitué une approbation formelle (dont je parlerai tout-à-l'heure), sauf à revenir au blâme si les circonstances changeaient encore.

C'est à propos de ce tarif que j'écrivais à M. le Ministre du commerce :

« Sans tenir compte de l'autorité, non contestée à Lyon, des précédens résultant des tarifs des 18 septembre 1789,

22 juin 1793, 10 frimaire an 11, et 18 juin 1811, vous dites que sous le régime constitutionnel l'administrateur ne saurait se contenter de citer des exemples, et qu'il doit avant tout chercher la loi qui autorise ou qui défend les mesures qu'on lui suggère ou qu'on lui propose.

» Je pourrais me prévaloir, et jamais on ne l'aurait fait avec plus de raison, de la première de toutes les lois, celle qui domine toutes les autres, la nécessité, la loi suprême du salut public.

» Cette nécessité a été établie dans mon rapport du 26.

» Je pourrais encore parler de l'arrêt du conseil du 29 novembre 1789, en vertu duquel tous les tarifs postérieurs ont été arrêtés, aussi sous des régimes constitutionnels, et le dernier sous l'administration de M. de Bondy, dans un temps qui n'était pas celui de la faiblesse de l'autorité ; arrêt du conseil qui n'a été abrogé explicitement par aucune loi. Mais je me bornerai à rappeler que tout ce qui n'est pas défendu par la loi est permis, et je n'en connais aucune qui interdise à deux parties ayant des intérêts contraires, de prier les magistrats de permettre que la discussion en ait lieu en leur présence, et de vouloir bien en constater le résultat. Eh bien ! voilà tout, et les choses ne se sont pas passées autrement. Je l'ai dit dans mon rapport du 26 : l'autorité n'est intervenue que comme médiatrice agréée par les intérêts opposés, et ensuite comme notaire certificateur des conventions faites devant elle.

» On peut supposer que ces mots, *librement consentis*, mis en tête du tarif, constituent un faux audacieusement affiché devant une grande population dont les clameurs lui auraient donné un éclatant démenti ; mais je n'ai rien à répondre à une pareille insinuation.

» Je n'avais pas oublié les dispositions de la loi du 17 juin 1791. Mais, la main sur le cœur d'un homme qui n'a jamais su ce que c'est que la peur, je déclare que si, dans cette occasion, on avait fait usage de la force des armes, Lyon, et, *par conséquent,* tout le midi seraient en insurrection. Je ne sais pas, M. le Ministre, quel sort cette assertion aura auprès de vous ; mais rien au monde ne pourrait ébranler la conviction profonde qui me la dicte. La souffrance était réelle parmi soixante à quatre-vingt mille ouvriers. A moins de prendre la cruelle résolution de les tuer tous, on ne pouvait répondre par des coups de fusil à la respectueuse et paisible exposition de leurs besoins. Il ne faut pas porter la misère des masses au désespoir par la cruauté ; et je comprends, comme M. le Garde-des-sceaux, tout ce que réclame de prudence et de ménagemens le temps de transition où nous sommes. »

A l'appui de cette opinion, je citerai celle d'un homme d'honneur, d'un homme de cœur, qui, pendant et après la catastrophe, a montré autant de fermeté que de générosité ; de M. Gautier, l'un des conseillers municipaux, député auprès du Gouvernement pour lui rendre compte des causes et des suites de ce malheureux événement. Avant son départ, il s'est enquis avec le plus grand soin de ce que les ouvriers étaient résolus de faire dans le cas où leurs réclamations pour l'établissement d'un tarif n'auraient point été admises, et il s'est assuré que le désespoir, comme je viens de le dire, les aurait dès-lors portés aux plus cruelles extrémités.

Enfin, tout était rentré dans l'ordre; les ouvriers, satisfaits, ne quittaient plus leurs ateliers, car le ministère sait très-bien qu'il leur impute à tort le petit rassemblement carliste du 4 novembre, jour de la Saint-Charles; les fabricans, à l'exception d'une vingtaine des moins considérables sur quatorze cents, exécutaient le tarif ou le modifiaient par des conventions tacites avec les ouvriers. M. le Président du conseil lui-même, frappé, sans doute, de ces heureux résultats, m'écrivait, sous la date du 17 novembre :

« Vous avez suivi un système; vous en avez considéré et vous en défendez les avantages..... Vous avez fait pour le mieux; vous avez mieux à faire encore : c'est de vous conformer désormais, autant que l'état des choses le rend possible, aux instructions et aux prescriptions qui vous ont été transmises. »

Les personnes qui ont assisté à la séance d'hier ont pu remarquer avec quelle peine ces mots, *vous avez fait pour le mieux*, sont tombés de la bouche de M. le Président du conseil; comme sa voix s'affaiblissait en les prononçant, tandis qu'elle avait tout son éclat aux passages tronqués de ma correspondance qui lui paraissaient favorables à son système d'inculpation contre moi.

Les instructions et prescriptions rappelées dans cette citation me recommandaient, comme on le sait, de laisser tomber le tarif en désuétude, et de n'employer aucun moyen de contrainte pour le faire exécuter. D'après tout ce que j'ai dit plus haut, cette recommandation était bien inutile, et le ministère ne devait pas avoir oublié que j'avais écrit le 6 novembre à M. le Ministre du commerce :

« Le tarif n'est légalement obligatoire pour personne, puisque, et non sans intention, il ne porte pas d'autre signature que la mienne et celle de M. le Maire, apposées non comme sanction, bien moins encore comme exécutoire, mais comme attestation dans la forme précédemment suivie, ainsi que Votre Excellence peut s'en assurer par les tarifs antérieurs que j'ai l'honneur de lui adresser. Tout le monde le sait ; je l'ai dit hautement plus de vingt fois dans le cours de la discussion. »

Je n'avais point fait de rapport antérieur au 26 à M. le Ministre du commerce, parce qu'il me semblait que la question, étant essentiellement politique pour le pouvoir, ne pouvait être traitée que par le ministre de la police, et que je voulais éviter qu'on en fît un tripotage de bureau commercial, qui a tout gâté.

Tout-à-coup cette heureuse harmonie est troublée par des lettres de Paris, annonçant que M. le Ministre du commerce a réuni chez lui les députés du Rhône, pour leur faire part de l'improbation du tarif. Voilà sans doute les indiscrétions dont s'est plaint justement M. le Président du conseil, et dont les conséquences ont été si funestes. Il serait par trop absurde, en effet, de supposer que je m'en fusse rendu coupable; on conçoit que j'avais, au contraire, le plus grand intérêt à cacher le blâme jeté sur ma conduite, et avec d'autant plus de raison, que je n'étais pas sans espérance d'en faire revenir le Gouvernement; espérance justifiée par l'approbation du 17 novembre, que je viens de rappeler.

Les vingt fabricans, seuls réfractaires au tarif sur quatorze cents, se sentant forts de l'opinion de M. le comte d'Argout, s'agitèrent, recrutèrent une trentaine de leurs confrères; tous ensemble déterminèrent une cinquantaine d'autres à join-

dre leurs signatures aux leurs au bas de ce fa-
meux Mémoire des 104, nombre qui n'a jamais
été dépassé par les opposans au tarif.

Ce fut alors que commença la série des irritantes provocations de la part de quelques-uns de
ces fabricans contre les ouvriers, desquelles j'ai
entretenu M. le Président du conseil dans mon
rapport du 24 novembre, et qui se terminèrent
par une coalition ayant pour objet de refuser de
faire travailler même au-dessous des prix du tarif.
Les ouvriers, réduits à la plus affreuse détresse,
se réunirent sans préméditation, à la Croix-
Rousse, le dimanche 20 novembre, pour aviser
au moyen d'obtenir, s'il était possible, une sanction du tarif, qu'ils ne considéraient donc pas
comme exécutoire par la simple signature du
Préfet. Cette réunion eut lieu, comme les précé-
dentes, dans une maison particulière, à huis-clos,
e m'était pas dans le cas prévu par l'art. 191 du Code
pénal. Il fut décidé que, dès le lendemain, tous
les métiers cesseraient de travailler, et que les
ouvriers se rendraient à Lyon pour réclamer auprès de l'autorité l'exécution des conventions
faites en sa présence par les délégués des négocians et des chefs d'ateliers, avec le concours des

membres de la chambre de commerce et du conseil des prud'hommes.

La journée se passa tranquillement . l'attention publique avait été occupée par la grande revue de la garde nationale, à laquelle j'avais fait reconnaître le général Ordonneau, en qualité de commandant en chef. Personne ne pouvait prévoir les funestes scènes du lendemain, et j'avais été très-bien fondé à écrire la veille, comme M. le général Roguet, comme le commandant de la gendarmerie, comme les maires de Lyon et de la Croix Rousse, que la ville n'avait jamais été plus calme. J'ajoutais que les émeutes n'étaient pas et n'avaient jamais été à craindre à Lyon, à moins de fautes graves qui réuniraient les ouvriers dans un intérêt commun. J'en prévoyais deux cas : l'inexécution du tarif, et, ce qui en aurait été la conséquence nécessaire, la prolongation de l'état de misère des ouvriers, qui aurait pu les disposer à prêter l'oreille aux insinuations de la malveillance, tendant à établir une comparaison entre leur aisance passée et leurs souffrances actuelles. Je ne puis me repentir de n'avoir pas prévu ce que je raconterai dans la relation des trois journées : il est des défiances et des prévisions qui ne doivent pas approcher du cœur d'un honnête homme.....

Je terminerai cette longue défense du tarif en demandant, comme je l'ai déjà fait dans ma lettre du 19 novembre à M. le Président du conseil, si ce qui a été fait à la provocation des représentans du commerce, des défenseurs de la liberté de l'industrie, en présence et avec l'assentiment des administrations municipales, et avec le concours de l'immense majorité des fabricans, est aussi répréhensible qu'on l'a supposé à Paris, où le véritable état de la question ne peut être connu et apprécié comme à Lyon.

Au reste, on verra bientôt une justification complète du tarif et de sa nécessité par ce qui lui a été substitué arbitrairement et d'office, après son abolition arbitraire par un coup d'autorité.

Ma courte et triste administration du département du Rhône a commencé comme elle a fini, par l'émeute. J'ai facilement apaisé la première et les suivantes, et ma conscience me crie que j'ai fait tout ce qui dépendait de moi, d'abord pour prévenir, et ensuite pour réprimer la dernière. Le simple rapprochement de ma correspondance et de mes actes avant l'insurrection, de ce qui s'est fait depuis, suffira pour porter cette double preuve jusqu'à l'évidence.

Dès mon entrée en fonctions, je me suis aperçu que j'étais, à Lyon, non-seulement dans un entier isolement, mais que toutes les forces de mon autorité devaient s'user à combattre l'inertie, les susceptibilités d'amour-propre, l'insubordination des pouvoirs collatéraux ou inférieurs, avec lesquels il était nécessaire que je fusse uni d'intention et d'action, pour marcher du même pas vers le but commun.

Avant mon départ de Paris, étant allé voir M. Prunelle, maire de Lyon, il me dit : « MM. les » préfets du Rhône n'ont jamais assez compris » que la ville de Lyon est essentiellement muni- » cipale, et qu'elle doit avoir peu de relations » avec l'administration centrale. »

Dès le 2 juin, j'avais informé M. le Ministre de la guerre des mauvaises dispositions manifestées publiquement par des officiers du 66e régiment, même contre leur colonel, et je terminais ma lettre par ces mots :

« Dans un moment où la population entière est mise en mouvement pour toutes les élections législatives, municipales et de la garde nationale, Votre Excellence jugera, dans sa sagesse, s'il est prudent de laisser à Lyon un régiment animé d'un tel esprit, et qui entend ainsi la discipline militaire. Le renouvellement des scènes de Tarascon sur un plus grand théâtre, pourrait avoir de plus graves conséquences. »

Il ne faut point oublier que ce corps a été formé, en majeure partie, des élémens produits par le licenciement de la garde royale, et que presque tous ses officiers ont pris part aux journées de juillet. Sur ce rapport, qui a tant blessé le général Roguet, on s'est borné à renvoyer trois ou quatre officiers, et le régiment est resté à Lyon. On verra plus tard, dans un acte authentique, que je rapporterai en parlant des trois journées, comment il y a mérité les cinquante-cinq décorations qui viennent, dit-on, de lui être distribuées.

Le 25 juin, j'ai rendu compte à M. le Ministre de la guerre de l'état pénible de mes relations avec M. le lieutenant-général Roguet. Je lui envoyais copie de sa correspondance et de la mienne. Le double en a été mis sous les yeux de M. le Président du conseil, qui m'a mandé, le 29 octobre, que, de son côté, le général Roguet adressait des plaintes *sans cesse renouvelées*. On m'a dit au ministère de l'intérieur, ces jours derniers, que M. le Président du conseil avait trouvé ces plaintes si passionnées, qu'il n'avait pas voulu qu'il m'en fût écrit.

Un autre rapport plus étendu sur le même sujet lui a été fait par moi le 2 novembre. Il était de nature à provoquer une décision : il est resté sans réponse. On y voit que M. le général Roguet avait défendu au commandant de la place de déférer aux réquisitions de l'autorité locale. On verra plus tard qu'il a méconnu la mienne pour établir ses rapports directement avec les maires de la ville et des faubourgs.

Mon prédécesseur, par une lettre confidentielle du 15 février, avait appelé l'attention du Gouvernement sur la faiblesse du ministère public de première instance et des juges d'instruction. J'ai souvent insisté sur ce fait important, et notamment par mon rapport du 9 août, dans lequel je disais :

« N'est-ce donc point assez de l'indulgence des jurys pour assurer l'impunité des délits politiques, et faut-il encore qu'un misérable intérêt de popularité empêche les magistrats du parquet de faire leur devoir ? »

Je demandais un procureur général, dont la

seconde cour du royaume était privée depuis la révolution de juillet, le dernier titulaire n'ayant pas même pris la peine de se faire installer, et ne se souvenant de ses fonctions que pour en toucher les émolumens et les dépenser à Paris. C'était pour lui un riche bénéfice (25,000 fr.) sans charges, même de résidence.

L'insuffisance des moyens de police m'avait été bientôt démontrée, et particulièrement lors du voyage sur cette frontière de Mme la duchesse de Berry. J'en rendis compte le 11 juin à M. le Président du conseil, en le priant de doubler l'allocation de 10,000 fr., qui était absorbée, à 700 fr. près, par les frais du bureau spécial de police. D'un autre côté, je proposai, le 22, à M. le maire de Lyon, un plan de réorganisation de sa police municipale, lequel, sans augmenter la dépense, aurait rendu son action plus sûre et plus efficace. Il ne s'agissait que de supprimer les inutiles surveillans de nuit, dont le service est fait aujourd'hui par la garde nationale, et de nommer un commissaire de police et treize agens de plus. Je n'ai jamais pu obtenir même une réponse de M. le Maire, ni une décision de M. le Président du conseil, quoique j'aie eu l'honneur de lui soumettre ce projet, et de lui rappeler l'urgente nécessité d'une nouvelle organisation, dans mes rapports du 9 août et du 17 octobre.

Plusieurs fois, j'ai entretenu M. le Président du conseil de ma position fâcheuse au milieu de cinq journaux hostiles au pouvoir, et par conséquent à l'administration, sans avoir le moyen de répondre et de combattre leurs doctrines incendiaires. Il a répondu, à toutes mes instances, que l'on n'en aurait pas plus tôt amorti un qu'il s'en élèverait un autre. Soit; mais l'autorité, du moins, aurait eu un organe pour se défendre des attaques dirigées contre elle, et neutraliser les effets désastreux des publications ennemies.

Par un rapport adressé à M. le Ministre des finances, et duquel M. le Président du conseil a reçu copie, j'ai prévenu le Gouvernement de l'impression très-fâcheuse que produisait à Lyon la conversion des contributions personnelle, mobilière et des portes et fenêtres, en impôts de quotité, et j'ai annoncé que j'étais dans la plus vive inquiétude sur ce qui pourrait arriver au moment de la publication des rôles. Voici quelques passages de ce rapport:

« La loi qui a ordonné la conversion des contributions personnelle, mobilière et des portes et fenêtres, en impôts de quotité, fait à Lyon une sensation profonde, et la rigueur inaccoutumée avec laquelle elle est exécutée donne lieu à une multitude de réclamations.

» La valeur des loyers déterminant le droit proportionnel des patentes, il en résulte encore une augmentation considérable pour ce troisième impôt direct. Par exemple, le rôle des patentes de la Guillotière, qui était, en 1830, de 27,000 f., est, en 1831, de 60,000.

» C'est ainsi que la somme des contributions de toute la classe ouvrière de Lyon se trouve triplée et souvent quadruplée, le lendemain d'une révolution qu'elle a dû croire faite dans ses intérêts, à l'entrée de l'hiver qui augmente ses besoins, et lorsque le ralentissement du travail diminue ses ressources.

» Et comment cette déplorable nécessité a-t-elle été amenée ?

» Par les réclamations des députés du Midi, auxquelles on a eu la faiblesse d'accorder une diminution de 40 millions sur les droits des boissons.

» C'est-à-dire qu'on leur a sacrifié les règles de la justice distributive, consacrées par la Charte et les plus rigoureux principes de la finance.

» On a toujours considéré comme des axiômes en finances :

» 1° Que l'impôt doit atteindre les jouissances et le luxe avant les besoins ;

» 2° Que les impôts les mieux assis sont ceux qui se confondent avec la valeur vénale des objets qui en sont frappés,

de manière à n'être obligatoires que par la volonté des con-
sommateurs.

» On a fait tout le contraire de ces principes :

» L'impôt sur les boissons, qui remplit ces conditions, a
été réduit, et le montant de la réduction a été converti en
impôts directs qui affectent de trois manières différentes la
classe ouvrière.

» D'un impôt facultatif on a fait trois impôts obligés.

» Le riche improductif a été soulagé aux dépens du pauvre
laborieux.

» La justice, la raison, la Charte, la prudence, réclament
avec énergie contre ce dangereux écart.

» Je ne suis pas sans sollicitude sur ce qui peut arriver à
Lyon après la publication du rôle des portes et fenêtres, duquel on ne connaît pas encore les augmentations. »

La somme des contributions directes du département du Rhône est, pour
1831, de . . . . 6,863,302 fr. 01 c.
　　Elle n'était, en 1830, que
de . . . . 5,409,999　　98
____

La différence en plus est
donc de . . . . 1,453,302 fr. 03 c.

L'augmentation pour la seule ville de Lyon
est de 668,287 fr. 43 c., dont plus des deux tiers
sont à la charge des classes indigentes, qui, jusqu'à présent, avaient été dispensées de tout im-

pôt, ou ne payaient que des cotes très-légères.
Voilà la prévoyance et la justice de nos hommes
d'État; nous verrons tout-à-l'heure par quel ex-
pédient on a remédié au mal.

Enfin, j'ai souvent entretenu M. le Président
du conseil, dans ma correspondance ordinaire
et par des dépêches télégraphiques, des graves
inconvéniens qui résultaient du retard mis, d'a-
bord à la nomination des chefs de légions et
lieutenans-colonels de la garde nationale de Lyon,
et ensuite à celle du commandant en chef, et je
ne lui ai pas laissé ignorer que cette négligence
laissait tomber cette milice citoyenne dans la
plus déplorable désorganisation. M. le maire de
Lyon, membre de la commission des finances
de la Chambre des Députés, en a été si offensé,
qu'il a proposé de retrancher du budget de l'intérieur la somme demandée pour la dépense de
la division des gardes nationales, ou du moins
pour le traitement de son chef. Mes vives instances n'obtinrent l'ordonnance royale portant
nomination du général Ordonneau que pour
l'installer la veille même de l'insurrection. Il a
eu vingt-quatre heures d'exercice, et encore les
maires de Vaise, de la Guillotière et de la Croix-

Rousse, n'ont-ils pas voulu le reconnaître, con-
testant au Roi le droit de nommer un commandant supérieur pour plusieurs communes. C'est
une des causes les plus immédiates du succès de
l'émeute.

Ainsi, en résumant ces exemples d'imprévoyance et d'incurie, on voit que j'ai fait connaître ma mésintelligence avec le général Roguet; que les motifs et les circonstances en étaient
dignes d'attention, et le Gouvernement ne s'est
pas prononcé entre nous. Quoi qu'en ait dit à la
Chambre M. le Président du conseil, mon rapport
du 2 novembre atteste que nous n'étions pas ré-
conciliés, et que le défaut d'accord ne date pas du
20 du même mois. Il s'est prévalu d'une invitation à dîner que j'avais adressée au Général pour
le même jour 20 novembre, afin de faire croire
que cette réconciliation avait en effet eu lieu;
mais il n'a pas dit que le Général ne s'y était pas
rendu et n'avait pas même pris la peine de s'ex-
cuser. Cette invitation prouve donc seulement
que, dans cette occasion, comme dans toutes les
autres, les formes ont été de mon côté. J'avais
promis à M. le Président du conseil que je ferais
tout ce qui dépendrait de moi pour que cette

mésintelligence ne compromît point les intérêts publics confiés à mes soins ; mais je ne pouvais répondre que de moi.

J'ai demandé le changement du 66ᵉ régiment, en disant que, pour *faire du pouvoir*, ainsi qu'on me le recommandait sans cesse, dans une ville qui renferme une population ouvrière de cent cinquante mille individus dont la subsistance était une question douteuse de tous les jours, il fallait d'autres moyens qu'une garnison de dix-neuf cents hommes sortant de la garde royale, et qui avaient figuré dans les journées de juillet. Je devais considérer trois escadrons de dragons comme une faible ressource dans les rues étroites et escarpées de Lyon. Il y a maintenant vingt mille hommes, et l'on parle de construire une citadelle à Fourvières!

Les observations de mon prédécesseur, les miennes (antérieurement à la récente nomination du procureur général), sur la mollesse des gens du Roi et des juges d'instruction, sont restées sans résultats : elles vont probablement en avoir.

J'ai réclamé contre l'insuffisance des moyens de police, en personnel et en fonds secrets, et j'ai demandé un supplément de 10,000 fr., un commissaire de police et onze agens qui ne m'ont pas été accordés. On vient de nommer quatre nouveaux commissaires de police et vingt-huit agens; le conseil municipal a augmenté de 6,000 f. l'allocation de 16,000 fr. déjà mise à la disposition du maire pour la police secrète de la ville seulement, tandis que ma surveillance s'étendait jusque dans le département du Var ; et enfin on a donné de la main à la main, à mon successeur provisoire, devenu définitif, un *supplément* de 100,000 fr. à un fonds principal de 10,000.

M. le Président du conseil a dit à la tribune que j'avais reçu pour quatre mois 14,000 fr. de fonds de police, ce qui fait, a-t-il ajouté, plus de 36,000 fr. par an. Il aurait pu établir tout aussi facilement le chiffre précis de 42,000 fr. On sait ce qui s'en est suivi : le lendemain il en a fait insérer le compte au journal qui se fait dans son cabinet; voici la réponse que je lui ai adressée :

Aux Rédacteurs en chef du Nouveau Journal
de Paris, *et du* Messager.

Paris, le 23 décembre 1831.

Monsieur,

Dans votre feuille d'avant-hier vous établissez le compte
des sommes qui m'ont été remises pour la police secrète,
ainsi qu'il suit :

> 2,500 fr. reçus de mon prédécesseur, sur quoi
> je lui ai remboursé la dépense du
> mois d'avril, et j'ai payé toute celle
> de mai et juin ;
>
> 2,500   le 5 août, pour le troisième trimestre ;
> 2,500   le 4 novembre, pour le quatrième
>   trimestre ;

Ensemble.. 7,500 fr. *pour neuf mois ;* ce qui revient bien
aux 10,000 fr. par an, desquels il a
été parlé à la Chambre.

Jusque là nous sommes parfaitement d'accord. Mais
vous ajoutez : « En outre il a reçu *extraordinairement :* le
» 20 juin, 3,000 fr. ; le 25 octobre, 1500 fr. ; le 12 novembre
» 1500 fr. ; le 14 décembre, 3,000 fr. Total, 9,000 fr. Ainsi,
» les sommes versées entre les mains de M. Dumolard s'é-
» lèvent, comme l'avait annoncé M. Périer, à 14,000 fr., plus,
» ce qui devait rester sur les 2,500 fr. qui avaient été payés
» deux jours seulement avant sa nomination. »

Ce mot *extraordinairement* semble déjà receler quelque
mystère. En effet, il n'y a qu'une seule sorte de fonds de po-

lice. Si l'allocation dont jouissait mon prédécesseur a été augmentée, pourquoi faire deux comptes, deux mandats, deux paiemens pour le même objet? Voici le mot de cette énigme:

J'ai long-temps hésité d'accepter l'offre qui m'était faite par M. Périer de la préfecture du Rhône. Il savait que c'était me demander le sacrifice de grands intérêts privés, et il voulut qu'ils ne fussent pas sans quelques compensations. « Je » vous accorderai, me dit-il, six mille francs de frais d'éta-» blissement (il m'en a coûté trente mille), et, aussi long-» temps que durera la retenue du quart de votre traitement, » je vous allouerai, sur les fonds de police, trois mille francs » par trimestre pour frais de représentation. »

J'ai, en conséquence, reçu, le 20 juin, 3,000 fr. pour le trimestre de juillet, et les 25 octobre et 12 novembre, en deux mandats de 1500 fr., le montant du quatrième trimestre; quant au paiement de 3,000 francs sous la date du 14 décembre, je déclare n'en avoir aucune connaissance, et je porte le défi d'en produire la quittance.

Ainsi, en faisant même confusion des 6,000 fr. accordés à titre de frais de représentation avec les 7,500 fr. de véritables et seuls fonds de police, je n'aurais reçu que 13,500 fr. *pour neuf mois*, ou, dans la même proportion, 22,000 fr. par an, et non pas 42,000 fr., suivant le compte de M. Périer.

Au reste, je n'étais pas le seul qui jouît de ces frais extraordinaires de représentation; plusieurs préfets des grandes villes en reçoivent depuis la réduction des traitemens. J'ai tout lieu de le croire.

Agréez, etc.

« Non-seulement les 6,000 fr. d'indemnité qui m'ont été alloués à ce titre de représentation ont passé tout entiers en frais de police; mais je me suis mis en avance, dans les derniers temps, de 2 à 3,000 fr. J'en ai rendu compte à M. le Président du conseil avant mon départ de Lyon, et c'est peut-être le remboursement de cette avance qui fait l'objet du paiement indiqué sous la date du 14 décembre. Ce ne serait qu'une justice; mais le fait est que je ne l'ai pas reçu.

On conçoit, en effet, que ce n'est pas avec les 700 fr. restant libres sur l'allocation de 10,000, que je pouvais pourvoir aux exigences du service de la police dans les circonstances critiques où je me suis trouvé, depuis le voyage de Mme la duchesse de Berry, qui a ému tant d'espérances, jusqu'à la rentrée des troupes à Lyon. M. le Ministre n'ignore pas que j'ai dû donner jusqu'à 2,000 fr. en une fois à une seule personne; et je crois que l'on comprendra facilement que, resté seul à mon poste, dans la situation la plus désespérée, abandonné même par le ministère, qui, depuis le 24 novembre, ne me répondait plus, sans que je pusse pénétrer les motifs de cet étrange et dangereux silence; dans cette position, dis-je, on comprendra que j'ai dû avoir quelques dépenses urgentes à faire; et cependant toutes les caisses publiques ont été respectées, aucune forme de comptabilité n'a été violée, et tout l'argent qui a été dépensé, dans ces circonstances sans exemple, est sorti de ma poche.

Vainement j'avais sollicité des secours pour l'établissement ou l'amortissement d'un journal. Je ne demandais pour cela que 6 à 8,000 fr. — M. le Président du conseil m'a dit, le 13 de ce mois, qu'il venait d'y pourvoir.

Ayant rendu compte de l'impression alarmante produite à Lyon et dans tout le département par les effets de la loi du 26 mars, on m'avait laissé sans directions et sans appui. — Aujourd'hui on a suspendu l'envoi des avertissemens et la mise en recouvremens des rôles, depuis long-temps rendus exécutoires par moi; c'est-à-dire que l'illégalité vient au secours de l'imprévoyance.

Vingt fois j'ai appelé l'attention sur la dissolution morale de la garde nationale, par suite de l'inconcevable retard apporté dans la nomination des chefs et lieutenans-colonels de légions, et du commandant en chef. Sa dissolution de fait vient d'être prononcée.

Enfin, on a blâmé, cassé le tarif, qui a été, quoi qu'on dise, librement débattu et consenti entre les fabricans et les ouvriers, que l'autorité n'a ni fait ni sanctionné, qu'elle n'avait par conséquent pas le droit d'annuler, et que les mêmes parties contractantes peuvent refaire tous les jours très-légalement; car enfin, aux termes de l'art. 14, titre III, de la loi du 22 germinal an 11, *les conventions de bonne foi, entre les ouvriers et ceux qui les emploient, doivent être exécutées;* et on l'a remplacé par une prétendue mercuriale des prix de façons, arbitrairement arrêtée d'office par le conseil des prud'hommes et approuvée par le préfet provisoire, sans l'intervention des parties intéressées, au mépris de la circulaire de M. le Ministre du commerce, rappelant les dispositions de l'art. 30, titre Ier, de la loi du 22 juillet 1791, qui n'a permis des taxes municipales que pour le prix du pain et de la viande. La Restauration, en s'écriant : *Plus de conscription, plus de droits réunis,* n'avait du moins que changé les noms sans aggraver l'état des choses !

Voici cette pièce curieuse :

AVIS.

Le conseil des prud'hommes, réuni en séance extraordinaire,

Porte à la connaissance du public qu'il va s'occuper d'établir, par voie d'enquête, une *mercuriale* ou prix commun des façons des étoffes de soie, pour servir de règle à sa jurisprudence, lorsqu'il y aura contestation entre le fabricant et l'ouvrier ; laquelle mercuriale sera renouvelée toutes les fois que besoin sera.

Lyon, le 7 décembre 1831.

J.-M. Guérin, A.-E. Second, Philibert Rey, J. Estienne, S. Garnier, Audibert, Rousset, Gailliard, B. Bouillon.

Vu et approuvé par nous, préfet de l'Isère, préfet provisoire du Rhône.

Lyon, le 7 décembre 1831. GASPARIN.

Ainsi, imprudence inexcusable du ministère, connaissant la mésintelligence ouverte entre les deux principales autorités, dont l'une, constitutionnellement parlant, doit être le bras de l'autre, de n'y avoir pas mis fin en changeant l'une d'elles, ou toutes les deux. On en verra les déplorables conséquences dans ce qui va suivre.

Autre imprudence sans excuse, de n'avoir pas

changé le 66ᵉ régiment et renforcé la garnison.

Troisième imprudence, d'avoir laissé le ministère public long-temps sans chef, et le parquet de première instance dans une atonie de laquelle résultaient les plus scandaleux et les plus encourageans exemples d'impunité.

Quatrième faute, de ne m'avoir pas accordé des fonds suffisans pour la police secrète, et de s'être refusé à réorganiser la police municipale de Lyon, qui coûte plus de cent mille francs et ne rend pas tous les services que l'on pourrait exiger d'elle, quoique, par des rapports pressans et plusieurs fois réitérés, j'aie insisté sur la nécessité et l'urgence de cette réformation.

Cinquième faute, d'avoir laissé l'autorité livrée sans défense aux attaques journellement répétées de cinq journaux hostiles en différens sens, lorsqu'avec un peu d'argent et le concours de quelques bons citoyens, il était facile de changer l'esprit de celui dont l'influence était la plus dangereuse.

Sixième faute, étant averti de l'effet alarmant produit par l'exécution de la loi du 26 mars, sur la classe pauvre, si nombreuse à Lyon, de ne m'avoir pas donné le moyen de le tempérer, soit

par une large distribution du fonds de non-va-
leurs, soit par toute autre voie, toujours préféra-
ble à l'illégalité à laquelle on a eu recours. Le
remède est pire que le mal.

Septième faute, dans la négligence impardon-
nable que l'on a mise à expédier les nominations
des chefs de la garde nationale, de laquelle est
résulté un esprit de découragement et de dégoût
qui ne s'est que trop fait sentir dans les derniers
événemens. Non, le reproche de lâcheté, adressé
bien légèrement du haut de la tribune nationale
par M. le Président du conseil, n'est pas mérité.
Les Lyonnais ont montré, dans plus d'une occasion, qu'ils ne manquent pas de courage; mais le
zèle s'est refroidi, et l'on n'a plus pris d'intérêt à
une institution que le Gouvernement paraissait
traiter avec tant d'insouciance.

Huitième faute enfin, et la plus grave sans
doute, dans la conduite incertaine, tortueuse,
indiscrète et maladroite du ministère à l'occasion
du tarif, qu'il n'a jamais compris ou voulu comprendre, en l'attribuant au Préfet. Il n'avait qu'un
parti à prendre dans cette affaire : c'était de ne
pas s'en mêler, puisque ce n'était pas l'œuvre de
l'administration.

On voit donc que le ministère a fait, depuis l'insurrection, tout ce que je demandais, et bien plus que je ne demandais pour la prévenir.

L'un des cas prévus dans ma lettre du 19 novembre, comme pouvant troubler la tranquillité publique en réunissant les ouvriers dans un intérêt commun, l'inexécution brusque du tarif, se présentait. Ce même jour, les 104 fabricans signataires du Mémoire adressé au ministère, encouragés par la connaissance qui leur fut imprudemment donnée de l'improbation du tarif, s'entendirent pour refuser tout travail aux ouvriers. Ceux-ci, ainsi que je l'ai dit, se réunirent le dimanche 20 novembre, pour convenir que tous les métiers seraient arrêtés dès le lendemain, et que les ouvriers descendraient en ville pour réclamer l'accomplissement des conventions souscrites par les fabricans.

Mes rapports de police m'ayant informé de cette réunion et du projet qui y avait été arrêté, je dus me mettre en mesure.

A l'issue de la revue pour la réception du général Ordonneau, dont j'ai parlé dans mes premières pages, je proposai aux chefs militaires et de la garde nationale, ainsi qu'à M. le maire de Lyon, de nous rendre chez M. le Lieutenant-général à l'effet de concerter avec lui les dispositions à prendre pour le lendemain; car, dans quelque sécurité que nous laissât le rassemblement dont nous étions ménacés, elle ne m'autorisait pas à négliger les précautions convenables. On voulut préalablement faire prévenir le Général, qui fit répondre qu'il ne pouvait pas nous recevoir. A ma prière, ces Messieurs se réunirent à la préfecture. Le général Saint-Geniès, commandant le département, et qui devait représenter M. le Lieutenant-général dans le conseil de défense, étant allé prendre ses ordres, vint bientôt nous déclarer que M. le comte Roguet reconnaissant que les maires étaient seuls responsables de la tranquillité de leur commune, il ne lui permettait pas de prendre part à la délibération, et se retira.

Je ne me permettrai aucune réflexion sur ce refus de l'autorité militaire de se concerter, dans cette circonstance, avec l'autorité civile, et je me bornerai à citer les dispositions de la loi du 10 juillet 1791, qui lui en faisaient un devoir:

« Art. 9. Dans chaque arrondissement l'officier général commandant, chargé de tenir la main à l'exécution des réglemens militaires, sera de plus obligé de se concerter avec toutes les autorités civiles, à l'effet de procurer l'exécution de toutes les mesures ou précautions nécessaires qu'elles auront pu prendre pour le maintien de la tranquillité publique, ou pour l'observation des lois, ainsi que d'obtempérer à leurs réquisitions toutes les fois qu'elles seront dans les cas prévus par les lois.

» Art. 13. Les commandans particuliers se conformeront, dans leurs places respectives, à ce qui est prescrit art. 9 du présent titre, pour l'officier général commandant; dans l'arrondissement. »

Voilà assurément un fait très-grave et duquel M. le Président du conseil avait eu connaissance par mon rapport du 24 novembre, lorsqu'il a affirmé à la Chambre, sur la foi d'une invitation qui n'a été, ainsi que je l'ai fait observer, qu'une occasion de plus pour le Général de me montrer son inimitié, *qu'il n'y avait plus aucune mésintelligence entre nous ; que, cependant, il croyait qu'il y avait eu quelque chose dans la journée du 20.*

Il a été décidé dans cette séance du conseil de

défense, à laquelle assistaient le préfet, les maires de Lyon et de la Croix-Rousse, le général Ordonneau, commandant en chef de la garde nationale, deux chefs de légions, et le chef d'état-major de la même garde : 1º que toutes les portes, au nombre de cinq, conduisant de Lyon à la Croix-Rousse, seraient occupées, dès le point du jour, par 5o hommes, moitié garde nationale et moitié troupe de ligne, afin d'empêcher la réunion des ouvriers ;

2º Qu'un bataillon de la garde nationale de la Croix-Rousse et trois cents hommes de la ligne, se rendraient, à sept heures du matin, sur la place de cette commune, pour dissiper les groupes à mesure qu'ils tendraient à se former ;

3º Que quatre bataillons de garde nationale de Lyon et un de la Guillotière s'assembleraient, à la même heure, sur leurs places d'armes respectives ;

4º Que toute la garnison serait consignée et prête à prendre les armes au premier signal ;

5º Qu'un poste d'infanterie et de cavalerie serait établi en réserve à l'Hôtel-de-Ville.

J'informai M. le Lieutenant-général de ces dispositions et lui adressai, en même temps, une réquisition légale dans la forme qu'il avait précisément exigée. Voici sa réponse :

« Monsieur le préfet,

» Il était inutile de m'écrire et de m'envoyer une réquisition, sur les dispositions à prendre pour la journée de demain. Tout ce dont vous me parlez était déjà arrêté entre MM. les maires de Lyon, de la Croix-Rousse et moi ; à cet égard, comme dans ma détermination bien prononcée de maintenir la tranquillité dans Lyon, vous pouvez être sans inquiétude.

» J'ai l'honneur d'être votre serviteur.

» *Signé* Comte ROGUET. »

Aucune des dispositions arrêtées par le conseil de défense, et transmises par moi au lieutenant-général et aux maires, n'a été exécutée, ou ne l'a été que tardivement. Le maire de la Croix-Rousse, qui, comme on vient de le voir, était entré en relations directes avec le général Roguet, m'écrivait le même jour, dimanche 20 novembre, à six heures et demie du soir :

« Je viens d'apprendre avec un vif sentiment de plaisir, par deux chefs de compagnons, que les rassemblemens qui devaient avoir lieu demain matin, pour se porter à Lyon, ont été contremandés, attendu qu'un certain nombre d'ouvriers, appartenant à d'autres professions, avaient, dit-on, manifesté l'intention de se réunir à eux, et de se porter à des actes de violence, que ces derniers s'empressent de désavouer.

» Je ne pense donc pas, d'après ces renseignemens, que j'ai tout lieu de croire certains, devoir réunir un bataillon de garde nationale pour demain ; je crois que le piquet commandé sera suffisant ; toutefois j'ai fait prévenir les tambours de se tenir prêts pour battre le rappel, s'il y a lieu.

» Dans tous les cas, j'aurai l'honneur de vous prévenir ce soir, à neuf heures, des nouvelles informations qui me seront parvenues.

» Je suis, etc. *Signé* RICHAN. »

Et cette lettre annoncée pour neuf heures, et qui ne m'a été remise que le lendemain à dix heures, lorsque déjà des hostilités avaient été commises, confirmait en ces termes la précédente :

« J'ai l'honneur de vous informer que les rapports qui me sont parvenus jusqu'à présent tendent à confirmer ce que j'ai eu l'avantage de vous annoncer par ma lettre de ce jour, six heures et demie du soir.

» *Tout est parfaitement calme.*

» Je suis, etc, *Signé* RICHAN. »

Je dois faire ici une observation. M. le Président du conseil, en présentant isolément et dénuée de tout appui et de toutes explications l'assertion de ma lettre du 19 novembre, *que la ville était tran-*

quille et que les émeutes n'étaient pas et n'avaient jamais été à craindre à Lyon, laissait tomber sur moi un reproche grave d'imprévoyance et de légèreté. On sait pourtant, et le Ministre en a fait l'aveu, que le Général, le Maire et le Commandant de la gendarmerie, lui donnaient, à la même date, les mêmes assurances. Je viens de faire connaître que, le 20 au soir, veille de la catastrophe, le Général et le maire de la Croix-Rousse m'entretenaient encore dans la même sécurité. D'ailleurs, il ne faut pas oublier qu'en répondant de la tranquillité de la ville, j'y mettais deux conditions, dont l'une n'était plus observée.

Dans sa funeste confiance, ce maire ne fit prendre les armes qu'à un piquet de trente hommes de la garde nationale, au lieu du bataillon qui était commandé; les trois cents hommes de la ligne qui devaient également se trouver de bonne heure sur ce point pour prévenir les rassemblemens, ne se montrèrent qu'à dix heures et ne purent plus arriver; et ce retard est d'autant plus déplorable, que, dès le 3 novembre, j'avais prévenu le général Roguet qu'il ne fallait pas compter sur la garde nationale de la Croix-Rousse. Des quatre bataillons de la garde nationale de

Lyon on put à peine réunir six cents hommes;
deux bataillons presque entiers, composés en majeure partie des ouvriers des quartiers de Saint-
George et de Saint-Jean, passèrent dans les rangs
des insurgés, ainsi que ceux de la Guillotière et
de la Croix-Rousse. Cette défection affligeante
n'aurait pas eu lieu, ou du moins les effets en auraient été considérablement affaiblis, si, comme
je l'avais demandé, on avait fait prendre les armes
à la 1re légion; mais on me répondit que l'ordre du
service ne le permettait pas. La troupe de ligne
ne sortit de ses casernes que vers dix heures, et à
onze heures et demie, lorsque le sang coulait déjà
depuis deux heures, il n'avait pas encore été distribué de cartouches. Où donc les gardes nationaux qui avaient fait feu s'en étaient-ils procurés,
et pourquoi s'en étaient-ils munis?....

Je n'entrerai pas dans les détails des trop re-
grettables combats de cette première journée.
Je dirai seulement, puisqu'on a pu en faire un
grief contre moi, comment j'ai été retenu prison-
nier par les insurgés.

Immédiatement après la distribution des cartouches, je m'étais mis avec le général Ordonneau à la tête de la première colonne, composée

de troupes de ligne et de garde nationale, et qui se porta dans la Grande-Côte, où les premiers coups de fusil avaient été tirés. Mon intention était d'entrer en pourparlers avec les ouvriers, d'essayer de les ramener à la soumission par la persuasion, ou du moins de m'assurer que les sommations légales seraient faites en les faisant moi-même pour leur donner plus d'influence. Je voulais exposer ma vie pour prévenir l'effusion du sang français. Mais je ne pus arrêter la fougue impétueuse de quelques gardes nationaux, qui, dès leur arrivée dans la rue, malgré mes défenses et mes supplications, tirèrent des coups de fusil aux fenêtres et sur les toits.

Les ouvriers qui, seuls, habitent cette rue dont la pente est très-inclinée et au haut de laquelle ils avaient établi une forte barricade, répondirent à cette imprudente initiative par une grêle de pierres, de tuiles et de balles. Je fus frappé d'une tuile à l'épaule et légèrement blessé au pied par un caillou. Huit hommes du premier peloton, composé de soldats du 66ᵉ, à la tête duquel je m'étais placé revêtu de mon uniforme, afin d'être remarqué par les ouvriers, tombèrent plus ou moins grièvement frappés. La colonne nous entraîna, le général Ordonneau et moi, dans un mouvement rétrograde précipité; mais elle fut bientôt ralliée, et remontait la côte au pas de charge, lorsque deux officiers de la garde nationale de la Croix-Rousse s'avancèrent en parlementaires et me prièrent d'arrêter ce carnage, en portant des paroles de paix aux ouvriers, qui étaient disposés à m'entendre. Je ne sais pas si, comme on me l'a dit, je devais refuser froidement de me rendre à ce vœu de l'humanité; mais je suis très-certain que je me le serais reproché toute ma vie comme une barbarie, et que jamais je ne regretterai d'avoir cédé au premier mouvement qui m'a fait courir au milieu de ces malheureux égarés par le désespoir, après avoir recommandé au général Saint-Geniès de faire cesser le feu jusqu'à mon retour.

Les ouvriers quittèrent leurs barricades pour me suivre à l'Hôtel-de-Ville de la Croix-Rousse. Je montai au balcon de la mairie, d'où je pouvais me faire entendre de tout le rassemblement, qui n'était pas alors composé de plus de 1000 à 1200 hommes, dont une centaine à peine avaient des fusils; ils les avaient enlevés, le matin, au poste de l'une des portes de la ville, par lequel ils prétendent avoir été violemment provoqués, et au piquet de la garde nationale de la Croix-Rousse établi à l'Hôtel-de-Ville. Je leur parlais depuis environ une demi-heure, lorsque le général Ordonneau vint me rejoindre. Leur unique réponse à toutes mes instances a été : *Du travail ou la mort ! Nous aimons mieux périr d'une balle que de faim !*

Cependant j'obtenais quelques résultats, et je ne désespérais pas du succès de mes efforts, lorsque tout-à-coup le bruit du canon et d'une vive fusillade nous annonça que l'attaque recommençait sur trois points différens. Ma position devenait affreuse. Les cris de *vengeance ! on nous trahit!* sortirent de toutes les bouches. Je me précipitai à travers les balles, dans la direction où le feu était le plus nourri, pour essayer de l'arrêter, lorsque je fus saisi par une troupe de forcenés qui, en me maltraitant, me conduisirent dans une maison voisine. Dans le trajet, je reçus à l'épaule un coup de bûche; un des hommes qui me tenaient au collet para un coup de poignard dirigé contre moi; une pointe de sabre m'effleura la joue; mon épée me fut arrachée, et mon secrétaire général reçut à l'épaule un coup de baïonnette qui m'était destiné. Une garde fut mise à la porte de ma prison. Bientôt on vint jeter sous mes fenêtres quatre cadavres sanglans, en criant : *Voilà quatre victimes: il en faut une cinquième pour les venger.*

Le général Ordonneau subit à peu près le même sort et fut conduit dans une maison voisine. Son chapeau lui fut enlevé et son habit déchiré.

Pendant ma captivité, qui a duré près de neuf heures, on voulut me faire signer des ordres pour la retraite des troupes et pour une délivrance de 40,000 cartouches et 5oo gargousses. Je m'y refusai constamment. Les ouvriers se plaignaient, avec l'accent de la plus violente indignation, d'avoir été fusillés par la garde nationale sans aucune provocation de leur part, sans même qu'ils fussent porteurs d'aucune arme, sans que les sommations légales eussent été faites. Je dois dire que ces reproches graves sont justifiés par tous les rapports que j'ai reçus, et par la relation d'un journal de Lyon, qui attestent que les ouvriers descendaient la rue de la Grande-Côte, deux à deux et se tenant par le bras, lorsque les premiers coups de fusil leur ont été tirés. Il est très-certain au moins qu'ils s'étaient réunis sans armes, n'ayant aucune intention hostile, et ne se proposant que de venir à Lyon demander l'exécution des engagemens contractés avec eux par les fabricans.

A la chute du jour, quelques individus bien intentionnés m'offrirent de favoriser mon évasion au moyen d'un déguisement, et en me faisant escalader des murs de jardins. Je répondis que ce serait justifier l'accusation de trahison; que je ne partirais qu'à travers la grande place, du consentement général des ouvriers, et avec les insignes de mes fonctions.

Enfin, à huit heures du soir, je me présentai aux ouvriers à la porte de la maison où j'étais détenu, éclairé par vingt flambeaux, et je leur adressai une courte et vive allocution, terminée par ces mots :

« Ouvriers, écoutez-moi : si vous croyez encore que je vous
» aie indignement trahis, prenez ma vie, je la livre à votre juste
» vengeance; mais si vous pensez que je puisse contribuer à
» faire cesser cette horrible guerre civile, rendez-moi à mon
» administration. » Ces paroles furent accueillies aux cris
unanimes de *vive le Préfet! vive notre père!* Une vingtaine
d'hommes s'offrirent pour m'escorter, et je partis accompagné
par toute la foule, qui répétait les cris de *vive le Préfet! vive
le père des ouvriers!*

Arrivé à l'Hôtel-de-Ville, j'y trouvai le général Roguet. Mon premier mouvement fut de lui tendre la main, et de lui dire : « Général, dans la » circonstance grave où nous sommes, tout res- » sentiment personnel doit être oublié; je vous of- » fre une franche réconciliation. » Il me serra la main, et dès ce moment nous marchâmes dans le plus parfait accord.

Nous fîmes alors, lui au Ministre de la guerre, et moi au Président du conseil, le rapport de cette triste journée du 21. Celui du Général est terminé par ces mots : « Toutes les autorités ont » fait leur devoir. » Dans le compte sommaire que nous en rendîmes le lendemain matin, par une dépêche télégraphique qui nous est commune, nous eûmes raison de dire que force était restée à la loi, puisque les ouvriers avaient été refoulés à la Croix-Rousse, qu'ils y montraient le plus grand découragement et paraissaient disposés à se soumettre.

Le général Ordonneau ne fut rendu qu'à deux heures du matin.

La nuit fut calme. Mais le lendemain les rapports les plus affligeans se succédèrent avec une rapidité effrayante : les ouvriers des quartiers de

Saint-Just, Saint-George et Saint-Jean, ceux de
la Guillotière, et une multitude d'autres, étrangers à la fabrique de soie, venaient se joindre aux
insurgés; la générale n'était entendue par aucun
garde national; le petit nombre d'hommes qui
avait pris les armes la veille diminuait à chaque
instant, au point que, vers le soir, il en restait à
peine une centaine et seulement trois canonniers;
la troupe de ligne, manquant de munitions et de
vivres qu'il n'était plus possible de lui procurer,
montrait le plus grand découragement; les postes, qui avaient été multipliés, dans l'impossibilité de prévoir une conflagration aussi générale,
étaient successivement enlevés et désarmés; le
colonel du 66ᵉ, placé avec 120 hommes à *la Bou-
cle*, en dehors de la ville et loin de la ligne d'o-
pération, était sans communication avec nous,
et son régiment était resté sous le commandement du lieutenant-colonel, ancien chef de bataillon de la garde royale, qui, s'étant déjà trouvé
à pareil désastre dans les journées de juillet, devait avoir moins de résolution pour lui-même et
de puissance d'action sur sa troupe.

Toutes les colonnes furent successivement repoussées sur la place des Terreaux, et, vers le

soir, l'Hôtel-de-Ville était l'unique point de défense qui nous restait, et où nous étions assiégés par une multitude immense, enivrée de sa victoire, et se renforçant sans cesse. Le lendemain, après une demi-heure de combat, nous étions infailliblement exposés aux suites d'une prise d'assaut, et la ville était perdue.

La retraite fut décidée. Voici la délibération du conseil de guerre dont les motifs l'ont déterminée :

« Aujourd'hui vingt-deux novembre mil huit cent trente-un, à minuit;

» Les autorités soussignées étant réunies à l'Hôtel-de-Ville; présens MM. le lieutenant-général comte Roguet, commandant supérieur des 7e et 19e divisions militaires; de Fleury, maréchal-de-camp du génie; vicomte de Saint-Geniès, maréchal-de-camp, commandant le département du Rhône; Bouvier-Dumolard, conseiller d'état, préfet du Rhône; Duplan, procureur général près la cour royale; de Boisset, premier adjoint, faisant fonctions de maire; Gros, adjoint de la mairie; Gautier, conseiller municipal, faisant fonctions d'adjoint;

» Considérant qu'après deux jours de combats opiniâtres, dans lesquelles trop de sang français a malheureusement coulé, la troupe de ligne a été refoulée sur l'Hôtel-de-Ville, où elle est cernée par une multitude immense en armes;

» Que cette troupe, fatiguée, ayant éprouvé des pertes

considérables, dépourvue de munitions et de vivres, qu'il est devenu impossible de lui procurer, paraît disposée, d'après la déclaration de ses chefs, à ne pas continuer une inutile résistance; que plusieurs postes importans même ont passé dans les rangs des assaillans;

» Que la garde nationale, forte de quinze mille hommes, n'en présente plus que cent sous les armes; que, dans cette position extrême, MM. les Généraux reconnaissent unanimement qu'ils essaieraient en vain de continuer la défense de l'Hôtel-de-Ville;

» Que cette défense prolongée aurait les infaillibles résultats de porter les assaillans au dernier degré de l'exaspération et d'exposer les assiégés et la ville entière aux plus déplorables catastrophes;

» Après en avoir mûrement délibéré, dans plusieurs séances, reconnaissent à l'unanimité,

» Que pour arrêter l'effusion du sang et prévenir le sac de la ville, le seul parti à prendre, dans cette grave circonstance, était de quitter la position de l'Hôtel-de-Ville, pour en prendre une moins désavantageuse en dehors des murs, de manière à conserver des rapports avec les autorités locales;

» Le conseil émet le vœu, également à l'unanimité, que M. le Préfet reste à son poste.

» Fait, en séance, à l'Hôtel-de-Ville, en double minute.

» *Signé* DUMOLARD, comte ROGUET, vicomte SAINT-GENIÈS, FLEURY, DUPLAN, BOISSET, GROS, GAUTIER.

La retraite a été affreuse. La troupe avait à essuyer le feu des fenêtres des faubourgs de Saint-Clair et de Bresse, sur une étendue de près d'une demi-lieue, coupée par une multitude de barricades. Sans le courage héroïque du général Fleury, dont l'aide-de-camp a été tué, ces difficultés n'auraient probablement pas été vaincues, et nous aurions à déplorer de plus grands malheurs. Son nom n'a cependant pas été prononcé, et c'est un nouvel exemple de la justice avec laquelle on a distribué l'éloge et le blâme dans cette circonstance.

Je suis resté au poste que le Roi m'a confié. Je comprenais ce que le devoir exigeait de moi, et je faisais le sacrifice de ma vie pour maintenir l'autorité du Roi dans cette grande cité, et la sauver du sac dont elle était véhémentement menacée. Il me reste à dire comment j'ai réussi dans cette grande entreprise, et comment j'en ai été récompensé.

J'ai terminé mon rapport du 25 octobre, jour de l'adoption du tarif, en disant à M. le Président du conseil que j'étais dix fois plus fort que je ne l'avais été le matin, et que j'aurais peut-être occasion de faire usage de cette force toute morale, dans l'intérêt du service du Roi. M. le Ministre s'est complu à relever cette assertion avec une dérision amère.

Le moment est venu de faire connaître si je me suis abusé, ou si j'appréciais convenablement ma position.

Le départ des troupes m'avait laissé à l'Hôtel-de-Ville avec MM. de Boisset, premier adjoint, faisant fonctions de maire ; Gros, adjoint ; Gautier et Duplan, conseillers municipaux, et le commissaire central de police. Il y avait plus d'un inconvénient à rester sur le théâtre de tant de scènes irritantes ; je proposai à ces Messieurs de nous rendre à la préfecture, dont le quartier n'avait pas été troublé, et de nous y déclarer en permanence par une proclamation qui serait affichée au point du jour.

La proposition ayant été agréée, nous partîmes deux à deux, et nous tenant à quelque distance les uns des autres, pour attirer moins l'attention. Le plus grand calme régnait dans les rues que nous parcourûmes, et dans lesquelles il y avait des barricades et des traces de bivouacs. Dans le trajet, qui est assez long, nous ne rencontrâmes qu'une seule personne : c'était un agent de police.

Mais à peine arrivés à la préfecture, dont les grilles étaient ouvertes, et qui avait été parfaitement respectée, le bruit d'une vive fusillade, mêlée de coups de canon, nous apprit que la retraite ne se faisait pas sans résistance, et bientôt le tocsin de toutes les cloches vint ajouter son effroi à ce nouveau signal de carnage et de deuil. Notre douloureuse anxiété ne fut heureusement pas longue, et la cessation de la mousqueterie nous rassura sur le sort des troupes. Elles avaient courageusement franchi tous les obstacles, grâce surtout, ainsi que je l'ai déjà dit, à l'intrépidité du général Fleury. La proclamation convenue fut écrite, signée et envoyée à l'imprimerie.

Vers cinq heures, on vint nous avertir que quelques malveillans s'étaient établis à l'Hôtel-de-Ville, dans les salles de l'état-major de la garde nationale, et parlaient de s'y constituer en gouvernement provisoire. Nous convînmes alors de nous diviser, et M. le Maire avec M. Gautier et le Commissaire central, se rendirent sur-le-champ à la mairie. Déjà les factieux étaient trop forts, et le Maire ne put pas les déloger.

Les ouvriers compagnons avaient seuls pris les armes; mais les chefs d'ateliers n'avaient point participé à l'insurrection. C'est en eux que je cherchai ma force; c'est en eux seuls que je pouvais la trouver dans l'état de démoralisation et de réprobation où était la garde nationale aux yeux de la partie agissante de la population. Je me hâtai de les convoquer, et je fis en même temps publier la proclamation suivante :

« Ouvriers !

» Vos présidens de sections vont se rendre auprès de moi pour rechercher, de concert avec vos magistrats, les moyens de soulager votre malheureux état de souffrance. Ce sont de bons citoyens ; placez en eux toute votre confiance. Ecoutez-les quand ils vous diront que votre premier besoin, comme le nôtre, est le maintien de l'ordre et le rétablissement de la tranquillité publique.

» J'invite MM. vos présidens à se concerter pour se rendre ensemble auprès de moi le plus tôt possible. Je suis prêt à les recevoir à toute heure du jour et de la nuit.

» Ouvriers, respect à la loi, respect à la propriété. Ne souffrez pas que des malveillans se glissent dans vos rangs pour faire calomnier vos intentions. Vous m'avez appelé votre père, et je veux l'être de bons enfans.

» Lyon, en l'hôtel de la préfecture, le 23 novembre 1831.

» *Signé*, le préfet, DUMOLARD. »

Un grand nombre de bons citoyens s'étant

pressés autour de moi, et m'ayant généreusement offert leurs services, j'accueillis avec empressement ceux qui pouvaient avoir quelque influence dans leur quartier, et je leur délivrai des commissions et des ordres de services provisoires pour réunir autant qu'il leur serait possible d'habitans honnêtes, afin de veiller avec eux à la sûreté publique. Le nombre de ces commissions a été de plus de soixante, et le succès en a passé toutes mes espérances. Il était temps. Vers dix heures, le Commissaire central vint me présenter un sieur Rosset, qui avait, disait-il, une communication importante à me faire. Il me dit, en effet, en présence du chef de la police, que les individus qui s'étaient emparés d'une partie de l'Hôtel-de-Ville menaçaient de proclamer un gouvernement provisoire, et que je n'avais qu'un seul moyen de l'empêcher, c'était de lui remettre le pouvoir, à lui Rosset. Je lui répondis avec énergie : « Je sais, Monsieur, que quelques misé-
» rables rêvent une tentative criminelle, mais
» je vous déclare que j'ai les yeux sur eux, et
» qu'au moindre écart je saurai les mettre sous
» la main de la justice. » Il me demanda si cette menace s'adressait à lui, et ajouta que, dans ce

cas, il me ferait la même réponse qu'il avait adressée à M. de Brosses. « C'est à vous-même à
» vous répondre, répliquai-je, je ne vous con-
» nais pas ; mais je vous préviens que ni les
» hommes ni les circonstances ne pourront
» m'intimider, et que les factieux auront tou-
» jours plus peur de moi que je n'aurai peur
» d'eux. » Ma fermeté parut le déconcerter, et il me quitta en me disant que, puisque je le prenais sur ce ton, on ne le verrait plus ni à l'Hôtel-de-Ville ni parmi les ouvriers.

Vers deux heures de l'après-midi, étant à une des croisées de la préfecture, je vis arriver et s'arrêter à ma porte une troupe d'hommes armés, tambour en tête, et un individu, après un roulement, qui lisait une proclamation dont le placard, affiché dans toute la ville, me fut remis au même instant. Il commençait à peu près par ces mots :

« Des magistrats perfides, couverts du sang du peuple, ne peuvent plus avoir d'autorité parmi nous ; une barrière de cadavres s'est élevée entre eux et nous. Citoyens, assemblons nos comices ; donnons à la ville de Lyon et au département du Rhône une représentation vraiement populaire.

» Plus de charlatanisme ministériel ! etc. »

Une bande d'une trentaine de gens de mauvaise

mine, couverts de haillons, entra alors à la préfecture. Je descendis dans mon cabinet pour les
recevoir. Ils venaient arrogamment, et le chapeau
sur la tête, me demander des armes. « Des armes!
» leur dis-je; je n'en ai pas à vous donner; et qu'en
» voulez-vous faire? » Ils me répondirent que si
je n'en avais pas, il fallait désarmer la 1re légion
(composée des négocians du quartier des Ter-
reaux), qu'ils voulaient en finir avec ces aristo-
crates, et que c'était décidément la guerre de ceux
qui n'ont rien contre ceux qui ont quelque chose.

La position devenait critique. Heureusement les
chefs des ouvriers que j'avais convoqués le matin
arrivèrent dans ce moment. Après une vive allocution, de laquelle il me serait impossible de rendre les termes à froid, je leur demandai s'ils con-
sentaient au renversement de l'autorité légitime,
s'ils voulaient subir le joug honteux d'une poignée de factieux obscurs; et je leur donnai lecture du placard incendiaire que je tenais à la main.
Ils furent saisis de la plus généreuse indignation;
et, me hâtant d'opérer sur cette disposition favo-
rable: « Protestez donc énergiquement, m'écriai-
» je, contre cette infamie, et montrez que si vos
» ouvriers ont pu être égarés par le besoin, ils

» n'ont jamais voulu être des séditieux, et que
» leurs chefs surtout sont de bons citoyens et des
» sujets fidèles. »

Et à l'instant je leur fis écrire et signer, au cri
répété de *vive le Roi!* la protestation qui a paru
dans tous les journaux, et que je crois devoir reproduire ici :

« Lyonnais!

» Nous soussignés, chefs de sections, protestons tous hautement contre le placard, tendant à méconnaître l'autorité
légitime, qui vient d'être publié et affiché avec les signatures
de *Lacombe,* syndic ; *Charpentier, Frédéric* et *Lachapelle.*

» Nous invitons tous les bons ouvriers à se réunir à nous,
ainsi que les citoyens de toutes les classes de la société, qui
sont amis de la paix et de l'union qui doit exister entre tous
les vrais Français.

» Lyon, le 23 novembre 1831.

» *Signé* ROVERDINO, BOUVERY, FALCONNET, BLANCHET, BER-
THELIER, BIOLLAY, CARRIER, BONARD, LABORY, BRET,
B. JACOB, CHARNIER, NIEL, BUFFARD, PIGAUD,
FARGET.

» Approuvé par le préfet :

» *Signé* DUMOLARD. »

J'essaierais en vain de donner une faible idée

de la chaleur et de l'enthousiasme de cette scène, à laquelle étaient présens MM. Terme, ancien premier adjoint de la mairie; Faye et Valois, conseillers de préfecture; Morizot, sous-intendant militaire; l'épouse du Commandant de la gendarmerie, et quelques autres personnes. Pendant qu'elle se passait, les provocateurs au désarmement de la première légion, qui en prévoyaient probablement l'issue, avaient disparu sans bruit.

Je m'empressai de revêtir de ma sanction cette protestation, de laquelle je me proposais de tirer bon parti. C'est le seul cas où mon nom a paru au bas de ceux des chefs d'ateliers, et c'est cela probablement qui a fait dire au *Journal des Débats* que j'avais *contresigné l'insurrection*.

La proclamation républicaine fut immédiatement déférée au procureur du Roi.

Je désignai dix à douze personnes, prises en partie parmi les chefs d'ateliers, pour faire provisoirement les fonctions d'officiers de l'état-major de la garde nationale, et remplacer à l'Hôtel-de-Ville ceux qui s'y étaient intrusement installés.

La lettre suivante que je leur adressai, au moment de la cessation de leur service, fera connaître si j'étais dans leur dépendance, ou si c'était eux qui m'obéissaient.

« Lyon, 3o novembre 1831.

» Messieurs,

» J'ai reçu hier soir, au retour de ma visite à S. A. R. le duc d'Orléans, la lettre que vous m'avez fait l'honneur de m'écrire pour m'informer que vous cessez de faire le service de l'état-major de la ville de Lyon et ses faubourgs, service qui vous avait été confié le 23 de ce mois.

» Je me plais à reconnaître, Messieurs, que, dans l'exercice des fonctions dont vous avez été revêtus, vous avez exécuté, avec un zèle et une activité dignes d'éloges, les ordres et les instructions que je vous ai donnés ; que votre concours a puissamment contribué à prévenir l'effet des manœuvres criminelles employées pour provoquer à l'anarchie, et qu'en un mot vous vous êtes conduits comme des citoyens attachés au gouvernement du Roi et aux institutions consacrées par la Charte de 183o.

» Ce que je vous exprime ici, Messieurs, j'en rendrai témoignage au fils aîné du Roi des Français, en mettant ce soir votre lettre sous ses yeux.

» Recevez, etc.   *Signé,* le préfet du Rhône,
                         » DUMOLARD. »

La nuit venue, j'allai, à la lueur des torches, visiter tous les postes au nombre de plus de cinquante. Je leur lus la protestation. Je les haranguai ; je leur fis reconnaître mon autorité au cri de *Vive le Roi !* Je changeai les consignes et le mot d'ordre donnés par la faction, et je demandai des hommes de bonne volonté pour aller la chasser de l'Hôtel-de-Ville, où j'arrivai à une heure du matin, accompagné de cinq à six cents hommes armés.

Arrivé devant cet hôtel, j'y montai seul et me rendis, à travers une longue file de factionnaires, à l'état-major. J'y trouvai cinq individus faisant partie d'un prétendu régiment des *Volontaires du Rhône*, qui s'était formé à l'occasion de l'insurrection piémontaise, et duquel ils avaient plusieurs fois sollicité près de moi la confirmation. « Que faites-vous ici ? leur dis-je. Je pourrais » comprendre qu'au moment du départ des » troupes, croyant que vos magistrats les avaient » accompagnées dans leur retraite, vous ayez pu » former une organisation provisoire dans une » intention louable ; mais maintenant que vous » savez que le préfet et le maire sont restés dans » la plénitude de leur autorité, votre présence » ici est criminelle et ne peut être tolérée. Reti-» rez-vous. »

L'un d'eux, élève en médecine, prit la parole

pour me demander si j'exigeais qu'ils partissent à l'instant, protestant de leur dévoûment, et qu'ils n'avaient eu d'autre intention que de concourir avec moi au rétablissement de l'ordre et de la tranquillité. Je répondis qu'en considération de la soumission qu'ils me montraient, je voulais bien n'avoir pas l'air d'être venu pour les chasser; mais que j'espérais qu'ils ne tarderaient pas à évacuer les lieux où ils n'auraient jamais dû paraître, et que quand M. le Maire viendrait à l'Hôtel-de-Ville, à sept heures du matin, il le trouverait libre. Ils me le promirent formellement. Je ne me sentais pas encore assez fort pour les faire arrêter, sans donner lieu à une lutte sanglante entre les hommes que j'avais amenés, et quelques centaines de gens sans aveu que j'avais vus en entrant sous les portiques de l'hôtel. Cependant je n'en partis point sans y laisser une force imposante, dont je donnai le commandement à un officier de la garde nationale, chef du dernier poste que j'avais visité.

Je continuai ma ronde pour rentrer à la préfecture.

Cette démarche, dans laquelle on vit la marque de quelque courage, rassura les amis de l'ordre et déconcerta la malveillance. Une partie de la population, attirée par ce spectacle, était dans les rues sur mon passage. Partout je fus accueilli par le cri de *Vive le Préfet!* les femmes surtout applaudissaient avec transport.

A huit heures du matin on me rendit compte que l'Hôtel-de-Ville était encore occupé par les gens de la veille, et qu'ils ne paraissaient pas disposés à se retirer. J'y envoyai alors un poste de cinq cents hommes dévoués, que j'avais en réserve à la préfecture, avec ordre de s'en rendre maîtres par toutes les voies. A l'approche de cette force, les factieux s'échappèrent et ne reparurent plus.

Dès sept heures du matin de cette même journée du 24, j'avais fait afficher la proclamation suivante :

« Lyonnais !

» Quelques hommes sans consistance veulent élever un pouvoir usurpateur à côté de l'autorité protectrice de vos magistrats, ou plutôt ils veulent l'anéantir. Lyonnais! le souffrirez-vous ? voulez-vous retomber dans l'anarchie ? subirez-vous le joug d'une poignée de factieux ? Non, vous m'entourerez pour me donner la force de rétablir l'ordre et la tranquillité. Votre ville a éprouvé assez de malheurs ; arrêtons-

en le cours. Aucune attaque n'est à craindre de l'extérieur;
j'en réponds sur ma tête.

» Braves ouvriers, qui m'avez appelé votre père, aidez-moi
à sauver la ville des malheurs qui la menacent encore, afin
que je puisse m'occuper de vos intérêts. Vous n'abandonnerez
pas la cause de l'ordre; c'est la vôtre, parce que, sans ordre,
point de travail. Nos ennemis de l'intérieur et de l'extérieur
jouissent de nos dissensions; ils sont prêts à en profiter.

» J'ordonne les dispositions suivantes :

» Art. 1er. L'autorité supérieure ayant seule le droit de
donner le mot d'ordre, les postes ne reconnaîtront que celui
qui leur sera envoyé cacheté de la préfecture.

» 2. Tout individu qui distribuerait des ordres du jour
qui ne viendraient pas de la préfecture sera arrêté et conduit
devant moi, pour rendre compte de ses intentions.

» 3. Je requiers, au nom du salut de la ville, tous les bons
citoyens de prendre les armes pour assurer l'exécution des
mesures que je serais dans le cas de prendre dans l'intérêt
de l'ordre.

» 4. J'invite les citoyens zélés, capables de faire les fonctions d'officiers d'état-major, à m'offrir leurs services.

» Lyon, le 24 novembre 1831.

> » *Le conseiller d'état, préfet du Rhône,*

> » *Signé* **DUMOLARD.** »

Dès ce moment, l'ordre se rétablit rapidement.
Des bureaux provisoires furent construits aux
barrières, en remplacement de ceux qui avaient

été incendiés ou démolis, et la perception des droits d'octroi fut faite comme à l'ordinaire. Il en fut de même au passage des ponts, dont les péages furent rétablis. Aucune caisse publique n'avait été menacée, et j'ai vu moi-même deux hommes chargés de sacs d'argent qui avaient été saisis au bureau du pont Lafayette, les apporter à l'Hôtel-de-Ville et demander l'adresse des propriétaires pour aller leur en faire la remise. Des postes furent établis, par mon ordre, aux maisons et magasins des fabricans les plus exposés à la récrimination des ouvriers, et aucun d'eux n'a éprouvé le moindre préjudice, ni dans sa personne, ni dans ses propriétés. Les seuls excès qui soient à déplorer, à part quelques crimes particuliers, qui ne peuvent être imputés aux ouvriers, ont été commis dans la maison Oriol, non pas à cause de ses habitans, mais parce qu'elle avait été occupée par des soldats qui défendaient le passage du quai et du pont Morand. Il n'y a eu dans la dévastation de cette maison d'autre intention que celle de se venger d'une sorte de *blockhaus* d'où il avait été tiré, toute la journée, sur les insurgés de la Guillotière. Et, ce qui le prouve, c'est que le rez-de-chaussée, occupé par le premier commerçant de Lyon, et qui renfermait des millions de valeurs, ainsi que les étages supérieurs, par les fenêtres desquels il n'avait pas été tiré de coups de fusil, n'ont éprouvé aucun dommage.

Le 25, les magasins et les boutiques étaient ouverts; les ouvriers étaient retournés à leurs ateliers; les fabricans opposés au tarif s'étaient résignés à gagner un peu moins, et leur donnaient de l'ouvrage; chacun avait repris le cours de ses affaires; jamais la justice n'avait interrompu le sien. Les théâtres reprirent leurs représentations le 27; et il ne manquait au rétablissement entier de l'ordre accoutumé que le retour de la garnison.

La demande en avait été faite, dès le 25, à M. le lieutenant-général Roguet, avec qui j'avais conservé des rapports journaliers. Il m'écrivit, le 26, qu'il était prêt à y accéder, si elle lui était formellement renouvelée par une députation du corps municipal. Il la réclamait au nom de Dieu et de l'humanité. Dans la soirée du même jour, M. le Maire et deux membres du conseil se rendirent, à cet effet, à son quartier-général de Reilleux, et les troupes seraient probablement entrées à Lyon le 27, si le Général n'avait pas reçu l'avis de l'arrivée du Prince royal et du Ministre de la guerre, qui fit différer l'exécution des intentions qu'il nous avait manifestées.

M. le Président du conseil s'est plaint de ce qu'il n'avait aucune nouvelle de Lyon depuis la dépêche télégraphique du 22.

Je dirai d'abord que le 22 nous étions cernés à l'Hôtel-de-Ville, et que c'est par une sorte de miracle que j'ai pu faire passer cette dépêche au télégraphe ; le 23, les communications n'étaient pas encore libres, et l'on a vu d'ailleurs comment cette journée a été employée par moi. Il fallait d'abord sauver la ville avant de pouvoir dire : « La ville est sauvée. » Mais à partir du 24 novembre jusqu'au 7 décembre, date de mon remplacement provisoire, il a reçu de moi, chaque jour, un rapport, et souvent plus d'un. Et cependant, dans cet intervalle, je n'ai reçu de M. le Président du conseil que sa seule lettre du 24 novembre, dans laquelle il donne des éloges à ma conduite du 21. Il a entièrement abandonné à lui-même le Préfet du Rhône, et ce département a été frappé de l'interdit ministériel. Il voulait, sans doute, par ce coupable délaissement, se conserver, comme dans l'affaire du tarif, la liberté d'approuver ou de blâmer après l'événement.

Quoi qu'il en soit, quand, en rentrant en moi-même, je retrouve ma conscience, mes intentions, mes œuvres et l'approbation des gens de bien, je ne suis pas sans forces et sans consolations pour supporter les révoltantes injustices et l'ingratitude officielle des hommes investis du pouvoir.

Je voudrais qu'il me fût permis d'opposer à ma disgrâce les témoignages éclatans qui m'ont été donnés par les hommes les plus honorables et les plus hautes notabilités de Lyon et de toute la province environnante ; j'obtiendrai peut-être quelque jour l'autorisation de les publier, et le public jugera si j'ai mérité d'être traité avec tant d'indignité.

J'avais terminé mon rapport du 24 novembre au Président du conseil, par ces mots :

« La promesse de l'oubli du passé hâterait le retour de l'ordre. Si le duc d'Orléans pouvait venir accompagné seulement de deux aides-de-camp, cette marque de confiance exciterait le plus vif enthousiasme. Mais il ne peut être suppléé par personne, et personne, je dois vous le dire, n'obtiendrait plus de résultat que moi des pouvoirs extraordinaires que l'état des choses rend nécessaires. Je serais prêt ensuite à rendre compte de toute ma conduite. »

Le 27, le général Roguet me donna avis de l'arrivée du Prince et du Ministre de la guerre; car, ainsi que je l'ai dit, j'étais, avec tout le département, sous l'excommunication ministérielle. Mais S. A. R. ne venait pas avec ce généreux abandon, cette confiance si digne de son cœur, qui, l'année précédente, avaient inspiré aux Lyonnais une si vive sympathie pour elle. Une inconcevable préoccupation du chef du ministère, et de laquelle je révélerai tout-à-l'heure l'objet, ne lui avait pas permis de comprendre mon courageux dévoûment; et ma position était calomniée de manière à inspirer de graves inquiétudes au Gouvernement. De là cet ébranlement donné à toutes les troupes, depuis Metz jusqu'à Perpignan, pour marcher sur Lyon, et le Prince se présentait avec toute une armée pour enfoncer des portes ouvertes. Il a fallu toute sa bonté, toute sa grâce naturelle, toute son affabilité, toute sa popularité, précédemment acquise à tant de justes titres, pour contrebalancer ce que cet inutile appareil de force avait de ridicule ou d'inquiétant.

Le général Roguet m'ayant annoncé que S.A.R. coucherait à Mâcon, je me hâtai d'envoyer au-devant d'elle l'adjoint faisant fonctions de maire et trois conseillers municipaux, pour lui présenter mes respectueux hommages et lui rendre compte de la situation rassurante de la ville. Dans l'impossibilité de quitter moi-même, en de pareilles circonstances, étant d'ailleurs malade, alité, je leur avais recommandé de me transmettre par estafette les ordres du Prince. Cette députation ayant appris en chemin qu'il était à Trévoux, revint sur ses pas et passa à Lyon, pour s'y rendre, sans avoir l'attention de m'informer de ce rapprochement. Ces messieurs restèrent six heures à Trévoux, et reçurent du Prince trois longues audiences, pendant lesquelles ils ne trouvèrent pas un moment pour prononcer mon nom! Cet oubli de toutes convenances, qui ne pouvait que m'être imputé, fut justement relevé par M. le Ministre de la guerre, qui, dans une lettre sévère du 28, me demanda compte de ce que je faisais à Lyon. Je répondis: « M. le Maréchal, j'y fais mon devoir. »

Malgré mon cruel état de souffrance, j'allai, le lendemain 29, rendre mes devoirs au Prince, au quartier-général de Limonest. Il me reçut en présence du Maréchal. Son accueil fut plein de bienveillance, et ses premières paroles furent que j'avais montré beaucoup de courage, un grand dévoûment, et que l'on s'accordait généralement à m'attribuer le salut de la ville. M. le Maréchal dit alors : « Reste à savoir si c'était le bon parti. —Eh quoi! M. le Maréchal, je devais donc me retirer avec les troupes? —Peut-être, peut-être. —Comment, peut-être? Et si la ville, restée sans défenseur, sans représentant de l'autorité royale, avait été livrée au pillage? si la tentative crimi- nelle du 23 n'avait pas été promptement répri- mée? si, vingt-quatre heures plus tard, cent mille hommes, descendus de la montagne, étaient venus partager le butin et faire prendre à l'é- meute le caractère d'une révolution, ne m'aurait- on pas dit, avec plus de raison et de justice : « L'affaire militaire était indépendante de la » vôtre; le Général a pu quitter une position qui » n'était plus tenable pour en prendre une meil- » leure ; mais votre poste était à la préfecture ; » vous deviez y rester, au péril de votre vie, pour » vous efforcer de maintenir l'autorité du Roi et » de préserver la ville de sa ruine ? »

Il n'a été fait aucune réponse à cette objection.

« Enfin, que pouvez-vous à Lyon? reprit le Maréchal.—Tout ce que vous voudrez.—Vous opérerez le désarmement des ouvriers?—Oui.—Vous ferez exécuter l'ordre du licenciement de la garde nationale?—Oui.—Vous ferez publier la proclamation que voici?—Oui. »

La netteté et la précision de ces réponses, le ton d'assurance avec lequel elles étaient faites, parurent étonner l'illustre guerrier, et ne pas s'accorder avec l'opinion qu'on lui avait donnée de ma position à Lyon. L'entretien se termina par l'annonce que les ordres concernant les mesures dont il venait de parler me seraient expédiés le lendemain. Le Prince me fit la grâce de me retenir à dîner.

La proclamation fut affichée; le désarmement s'opéra sans difficulté, aussi bien que le licenciement de la garde nationale; et quand le Prince fit son entrée à Lyon, le 3 décembre, à la tête des troupes, tambour battant et mèche allumée, comme dans une ville conquise, on se demandait, avec autant d'étonnement que d'inquiétude, ce qui restait à faire.

J'eus l'honneur de recevoir S. A. R. à la porte

de la ville, et de la haranguer. Arrivée à son logement, je lui présentai les autorités et les corps constitués, aux discours desquels elle répondit avec autant d'à-propos que de tact et de sensibilité. Le Prince me fit encore la faveur de m'inviter à dîner pour ce jour-là et pour le lendemain. J'étais traité avec une visible et flatteuse distinction. Les ordres du Maréchal ne m'étaient adressés que pour être exécutés sur-le-champ.

Le 5, étant à table à côté du Prince, il me dit : « Croiriez-vous que c'est moi qui vous défends à » Paris ? » Et quand j'en ai parlé au Maréchal ce matin, il m'a dit : *Et moi donc !*

Je répondis qu'il n'était pas surprenant qu'il conçût, sur les lieux, une meilleure opinion de ma conduite qu'on ne pouvait l'avoir à Paris, et qu'il n'avait d'ailleurs aucune raison pour me refuser la justice qui m'était due.

Le lendemain 6, le Maréchal m'enjoignit de partir pour Paris dans la journée, dussé-je *n'aller qu'à deux lieues pour y attendre d'être en un meilleur état de santé pour continuer mon voyage.*

Qu'avais-je donc fait pour être chassé de la ville comme un malfaiteur, sans égard pour mon état de douloureuse souffrance, dans la saison la plus rigoureuse, et en laissant dans l'abandon ma famille consternée, qui se compose de trois générations de femmes, dont une mère de 82 ans et des enfans en bas âge?... Non, un ordre aussi cruel n'a pu sortir du noble cœur de M. le Maréchal; il contraste trop avec les bontés dont il m'honore depuis vingt ans; il n'est pas français; il n'est pas humain, et j'ai compris qu'il n'avait pu être dicté que par une haine aveugle, par un pitoyable esprit de vengeance. La source m'en fut bientôt révélée par une ordonnance du Roi, contresignée *Casimir-Périer*, en date du 5 décembre, et par une du même jour de M. le Président du conseil, qui me prescrivaient de me rendre immédiatement à Paris, et m'annonçaient que je serais remplacé *provisoirement* par M. le préfet de l'Isère. Quoique ces ordres m'eussent été expédiés par estafette, ils ne devaient pas encore arriver assez vite, et, le 6, le télégraphe m'apporta la dépêche suivante : « Après avoir pris les ordres » du Roi, je vous invite à vous rendre sur-le- » champ à Paris. »

Sans me laisser abuser par la précaution judaïque du provisoire, mes dispositions furent faites à l'instant pour partir de Lyon avec ma famille et mes bagages. Le 7, à neuf heures du soir, j'allai prendre congé du Prince, en habit de voyage et prêt à partir. Je retrouvai toute sa bonté; il me prodigua, en présence du Maréchal, les consolations et les encouragemens; m'engagea à venir le voir à Paris, en me donnant à entendre que l'on pourrait m'offrir d'honorables compensations. Il ne voulut pas permettre que je me misse en route pendant la nuit, et me dit plusieurs fois, avec l'accent d'un véritable intérêt, d'attendre jusqu'au lendemain. Je ne laissai pas ignorer au Prince que je redoutais ma première entrevue avec M. Périer, et que je n'étais pas homme à me laisser déshonorer.

Arrivé à Paris, le 12 au soir, j'écrivis à M. le Président du conseil que, dans l'état de fatigue et de douleurs où je me trouvais, il m'était impossible de me présenter chez lui immédiatement; mais que j'étais à ses ordres dès le lendemain.

Le 13, à onze heures du matin, un billet du Ministre m'annonça qu'il me recevrait avant midi.

Le début de notre entretien ne fut qu'un peu sec, de part et d'autre; mais bientôt M. le Président du conseil me parla, de son ton ordinaire

avec moi, et, après quelques observations géné-
rales, il me congédia, en me demandant un rapport général des faits de mon administration, dans
sa dernière période, et en me disant de revenir le
voir dans la soirée.

Je commençai mon rapport, et retournai chez
le Ministre à huit heures. Il me fit donner lecture
des premières pages de celui qu'il devait faire, le
lendemain, à la Chambre des Députés; mais il
ne la laissa pas continuer. « Vous voyez, me dit-
il, qu'il n'y a rien contre vous. »

Je pris la liberté de lui faire observer qu'il y
avait un peu de précipitation à présenter son
rapport à la Chambre avant d'avoir reçu le mien;
qu'elle pourrait l'exposer à des contradictions
qu'il me paraissait prudent d'éviter. « En ce cas,
dépêchez-vous, me dit-il. » Je le lui promis pour
le lendemain à midi. Il trouva que c'était un peu
tard, puisqu'il devait se rendre à deux heures à la
Chambre. Il m'engagea encore à aller le voir, et
à faire part de mes vœux à son frère Joseph,
avec qui j'avais, depuis vingt ans, des relations
d'amitié.

Je sortis avec un de ses amis, M. Glasson, à
qui je dis que si le Ministre était bien conseillé,

il ne m'attaquerait pas; que j'étais armé de toutes
pièces pour me défendre, et que les rieurs ne seraient pas de son côté, malgré sa puissance. Je
lui racontai quelques faits propres à faire connaître que ma position avait été présentée par le
ministère et dans ses journaux sous un jour faux.
Il me quitta, en m'exprimant l'intention d'aller
le lendemain, à huit heures du matin, voir M. Périer, pour lui faire quelques observations.

Vers neuf heures il vint chez moi, sortant de chez
le Ministre, me dire que M. Périer retarderait de
deux jours son rapport à la Chambre, et me demander si j'accepterais une place de conseiller
d'Etat en service ordinaire. Je lui répondis que
non, quoique j'en eusse d'abord exprimé le désir;
mais que décidément je n'en voulais pas.

Mon rapport fut adressé à M. le Président du
conseil, dans la soirée. Mais *son siége était fait*,
son parti pris, et il n'y eut aucun égard.

Ayant assisté à la lecture du sien à la Chambre,
j'allai le trouver le lendemain matin : « J'ai en-
» tendu, lui dis-je, votre rapport, et je viens faire
» un appel à votre cœur d'homme, à votre con-
» science, à M. Casimir Périer, pour demander si
» je puis rester dans l'état d'incertitude et de doute

» où il me laisse et où il place l'opinion publique. »
Il me répondit que je n'y étais pas attaqué, que
mon nom même n'y avait pas été prononcé. « C'est
» précisément ce vague, qui permet tous les soup-
» çons, que je ne puis pas souffrir, répliquai-je.
» Si vous ne voulez pas me mettre à la place qui
» me convient, je m'y mettrai moi-même. Vous ne
» me jetterez pas impunément par terre. Je vous
» ai fait, vous le savez, de grands sacrifices; mais il
» en est un que je ne vous ferai pas. Ne touchez pas
» cette corde; elle pourrait avoir plus de retentis-
» sement que vous ne pensez. » M. Périer paraissait calme, et même bienveillant. Il me dit qu'il
n'était pas question de me jeter par terre, que
je ne serais pas destitué; qu'il était un honnête
homme, et qu'il ne pouvait oublier que j'avais
montré du courage et du dévoûment. Il m'ex-
horta, comme il l'avait déjà fait dans les entre-
tiens précédens, à ne pas faire de bruit, à rester
tranquille, et à m'en rapporter entièrement à lui
sur les suites de cette affaire comme sur mon avenir. Cette conversation fut longue; car elle laissa
à M. Périer le temps de se raser et de faire sa toi-
lette en ma présence. *Venez me revoir*, me dit-il
encore en me congédiant.

On sait comment ces promesses ont été accomplies.

J'étais dans la tribune du Conseil d'État, à la séance du 20 décembre, dans laquelle M. le Président du conseil a développé son système d'accusation contre moi, en tronquant et travestissant ma correspondance. Un de mes voisins, jeune encore, et qui m'était inconnu, voyant mon indignation, me dit que si j'avais quelques observations à faire, je devrais faire passer une note à un député de l'opposition. Je lui répondis que je n'en connaissais aucun qui voulût se charger de cette commission. Alors il me proposa de faire prévenir M. Odilon-Barrot. Nous descendîmes l'un et l'autre, sans chapeau ; un député nous fit ouvrir la porte du couloir qui conduit à la Chambre. Mon inconnu écrivit un mot au crayon et le remit à un garçon de salle, avec prière de le faire passer à M. Odilon-Barrot.

En l'attendant nous nous étions placés dans l'embrasure de la porte qui conduit du couloir dans une petite cour. J'étais appuyé contre l'un des battans de la porte, et la personne qui était avec moi, contre l'autre. M. le Président du conseil passa entre nous pour aller dans la cour. Je ne le reconnus que par-derrière, à sa redingotte grise. « Comment, M. le Président du conseil, lui dis-je de mon ton ordinaire, vous pouvez dire que j'ai reçu 14,000 fr. de fonds de police pour quatre mois? — Vos quittances sont là, » me répondit-il en balbutiant. Je lui donnai alors, avec quelque véhémence, un démenti formel, et lui portai le défi de les produire. Je retournai à la tribune pour prendre mon chapeau, et je me hâtai de rentrer chez moi pour envoyer ma démission au Roi et écrire la lettre qui a été publiée dans plusieurs journaux du lendemain.

Les choses ne se sont pas passées autrement, malgré le soin qu'ont pris les journaux ministériels de représenter cette scène accidentelle comme une sorte de guet-à-pens.

J'ignorerais encore le nom de l'officieux inconnu, si un mouvement généreux ne l'avait conduit hier chez moi, croyant, sur la foi de quelques journaux, que cet incident avait donné lieu à des poursuites judiciaires. Je lui demandai s'il ne craignait pas de se compromettre par cette démarche de laquelle j'appréciais toute la noblesse. Il me répondit qu'un homme d'honneur ne devait jamais craindre de remplir un devoir, en rendant hommage à la vérité. Il m'a autorisé à le nommer : c'est M. Jules Taschereau, maître des requêtes au Conseil d'État.

Il me reste à mettre le public dans la confidence des motifs de l'animosité de M. Casimir Périer contre moi.

Je dirai d'abord que, depuis la révolution de juillet, le Gouvernement n'a pas cessé d'être préoccupé de la crainte d'une conspiration bonapartiste, de laquelle un éminent personnage devait être le chef. M. le duc de Dalmatie ayant remplacé M. le maréchal Gérard au ministère de la guerre, un des premiers actes de son administration fut d'écrire à M. de Montalivet, alors ministre de l'intérieur, que, dans les circonstances où se trouvait la France, il importait qu'il y eût sur les frontières du nord et de l'est des préfets capables de donner aux opérations militaires l'appui de toute la population ; qu'il lui recommanderait successivement plusieurs candidats pour les principales places, et qu'en attendant il le priait de me présenter au Roi pour la préfecture de la Moselle. Croira-t-on qu'une démarche si française, si éminemment patriotique, a donné de l'inquiétude, et que toutes les instances de M. le Maréchal ne purent obtenir cette nomination, dont la demande avait été faite à mon insu! La singulière cause de ce refus m'a été avouée depuis, par M. de Montalivet, le jour même de l'ordre du jour motivé prononcé par les 221, et long-temps après que ma nomination à la préfecture du Rhône lui avait démontré l'injustice de ses soupçons.

A mon arrivée à Lyon, j'adressai aux maires une circulaire dans laquelle je parlais du Roi, comme je devais en parler. Le lendemain, étant dans le cas de faire une proclamation à l'occasion du charivari donné à M. Prunelle, j'aurais cru blesser toutes les convenances si j'avais prostitué le nom sacré du Roi au milieu des sifflets et des chaudrons. Cette omission, très-volontaire, a néanmoins encouru le blâme de M. le Président du conseil, qui m'a fait écrire, par l'un de ses frères, que si Napoléon II entrait en France, je pourrais me présenter à lui, ma proclamation à la main, avec la certitude d'être bien accueilli. Scandalisé de ce reproche, je répondis sur-le-champ: » Si je pouvais penser un instant que » vous parlez sérieusement, je n'aurais qu'une » réponse à faire, et elle ne se ferait pas attendre. » Expliquez-vous. »

Ceci pourrait déjà faire comprendre l'interpré-
tation qui a été donnée à l'autorité que j'ai con-
servée à Lyon après la retraite des troupes. Cette
étrange mystification m'a été confirmée par une
personne que M. le Président du conseil m'a
adressée pour reconnaître ma position et lui en
rendre compte. Il y a des gens qui ne pardonnent
pas la peur qu'on leur a faite, même innocem-
ment.

Voici le second grief. La famille Périer possède
des propriétés dans la presqu'île de Perrache.
Elle mettait de l'intérêt à ce que le nouveau palais de justice y fût construit, et me mit en rapport avec un de ses correspondans, chargé de
plaider cette cause auprès de moi. Un des frères
même fut chargé de m'en écrire d'une manière
pressante. C'était me demander de ruiner tout
un quartier populeux au profit d'un désert. Je refusai de me prêter à cette injustice, et l'on m'en
tint rancune.

On sait comment mon prédécesseur, M. Paulze
d'Ivoy, a été sacrifié par M. Périer, dont la haine
pour cet habile administrateur remonte au temps
où il était directeur des mines d'Anzin. M. Paulze
se présentait aux élections de l'arrondissement de

déjà le tourment de ma vie, en attendant qu'elle fasse le dés-espoir de mes vieux jours. Mon dévoûment convertissait en hommages tous ces sacrifices et toutes mes souffrances. Je désire vivement que le Roi ait beaucoup de serviteurs animés des mêmes sentimens. S'il y en a, on fera bien de ne pas flétrir leur zèle en les condamnant sans les comprendre.

» Dans mes communications avec les ministres, je n'oublie pas qui je suis, ni à qui j'ai l'honneur de parler. Je sais que, étant ici l'œil et l'oreille du gouvernement, les rapports que je lui adresse doivent contenir fidèlement la vérité, toute la vérité, rien que la vérité; mais je sens aussi que l'on doit y ajouter foi jusqu'à la preuve du contraire. Si cette confiance n'existe pas, il faut renvoyer l'administrateur qui n'a pas su la mériter, ou s'en est rendu indigne. Quant à moi, j'ai besoin de la croire entière, et mes services ne sont qu'à ce prix.

» Si je dois gémir de ce que les assertions de mon rapport du 26 octobre ont trouvé si peu de crédit, je ne comprends pas comment les faits en ont pu être si étrangement dénaturés; comment Votre Excellence m'y fait dire et faire ce que je n'ai jamais pensé; comment elle m'exprime des soupçons que je repousse avec toute la véhémence que peut se per-mettre un homme d'honneur, duquel les actions seraient mieux comprises si ses intentions et son caractère n'étaient pas méconnus. »

Je prie de remarquer que déjà je me plaignais dans cette lettre, et au Ministre lui-même, *de suppositions fausses, d'une étonnante altération de la vérité, de faits étrangement dénaturés, et de soupçons que je repoussais avec véhémence.*

Ce langage, à la fois respectueux et ferme, d'un administrateur qui a le sentiment de la dignité de ses fonctions et de sa dignité personnelle, irrite nos hommes d'État à volonté forte, qui veulent que leurs agens soient *la chair de leur chair et les os de leurs os.* J'avoue que je ne me sens pas capable d'une pareille abnégation.

Enfin, on se rappelle que, dans la séance du 26 juillet dernier, M. Mérilhou, faisant à la Chambre le rapport de la vérification des pouvoirs des députés du Rhône, lut une dépêche télégraphique relative aux élections de Paris, de laquelle il avait été donné connaissance à l'un des colléges par son président. M. le Président du conseil monte à la tribune et dit :

« La seule dépêche télégraphique qui ait été envoyée est celle sous la date du 8, à quatre heures du matin, le lendemain de la formation des bureaux. *Le 6, aucune dépêche télégraphique n'a été envoyée :* il n'en est pas parti davantage le 7, lorsque je reçus une lettre du préfet des Bouches-du-Rhône, qui m'invitait à faire connaître, dans l'intérêt de la tranquillité de la ville de Marseille, les élections de Paris. C'est alors que, les élections étant consommées dans la plus grande partie de la France, puisque partout elles ont eu lieu la Côte-Saint-André. Une personne qui a les plus intimes affinités avec la famille Périer, occupant alors une place subalterne à Lyon, et appelée depuis à un des premiers emplois de la finance, vint m'apporter le manuscrit d'un libelle contre M. Paulze, en m'engageant de le faire imprimer pour être envoyé à tous les électeurs de cet arrondissement, desquels il me remettait la liste. Cette proposition fut accueillie comme elle devait l'être. J'ai les pièces et les produirai au besoin.

Le démenti donné, dans ma lettre au *Journal des Débats*, et qu'il a refusé de publier, au premier rapport fait à la Chambre par M. le Président du conseil, sur les événemens de Lyon, a excité toute sa colère. Il m'en a fait les plus vifs reproches; et cependant il est constant aujourd'hui que ce rapport était exagéré; que je n'avais pas, comme il le disait, quitté Lyon avec les troupes; que les ouvriers n'attaquaient pas aux cris de pillage et de meurtre; que la maison de M. Nivière, receveur général, n'a pas été dévastée, etc.

Il m'a reproché aussi le ton général de ma correspondance, et spécialement de ma lettre à M. le Ministre du commerce, en date du 6 novembre. Pour ne rien laisser à désirer au public, je vais le rendre juge de ce grief, comme j'aime qu'il le soit de toute ma conduite. Voici les passages incriminés :

« La letre de V. Exc. du 3 novembre m'a fait éprouver, pour la seconde fois depuis deux jours, qu'il n'y avait rien de plus pénible que d'être blâmé quand on est fondé à s'attendre à des louanges. Ma respectueuse déférence pour votre opinion et pour celle de M. le Président du conseil l'emporterait sur ma propre conscience, toutes mes idées seraient brouillées, je n'aurais plus aucune notion nette du juste et de l'injuste, du bien et du mal, de la légalité et de l'arbitraire, je serais désormais sans règle de conduite, si cette opinion ne s'était pas établie, je ne sais comment, sur des suppositions fausses de faits qui n'ont jamais eu d'existence, et d'après la plus étonnante altération de la vérité.

» Je croyais avoir droit à plus de confiance.

» J'ai accepté la préfecture du Rhône pour seconder un système de gouvernement que je croyais et je crois encore le seul capable de sauver mon pays. On me donnait à entendre que je ne serais pas inutile au poste important qui m'était offert. Cette considération a déterminé le sacrifice de mes goûts, de mes habitudes, de mes affections, de mon indépendance et de mes intérêts privés. J'ai affermé à vil prix, dans un moment où la guerre était imminente, des biens, des mines, des usines exploités par moi-même sur la frontière la plus exposée du royaume, et mes revenus en ont été diminués de plus de 40,000 francs. L'excès du travail du cabinet, auquel je n'étais plus accoutumé, m'a causé une infirmité grave qui fait reste à montrer celui du dédain pour vos outrages. Mes principes sont heureusement affermis sur un point qui donne toujours de la force à ceux qui le prennent pour appui, et il n'est pas en votre toute-puissance de m'ôter la première récompense d'une bonne action, le sentiment de l'avoir faite. Oui, j'ai sauvé la ville de Lyon. J'ai fait plus peut-être..... Que pourriez-vous contre moi ?

Je terminerai ici ces scandaleux débats, à moins que de nouvelles injures ne me rappellent dans l'arène. J'ai quitté mon obscure retraite avec regret ; j'y rentre avec plaisir, heureux d'oublier et d'être oublié, plaignant mon pauvre pays d'être livré à une politique si peu généreuse, et faisant des vœux pour que les hommes dignement voués à son service soient mieux récompensés que moi de leur zèle.

le premier et le second jour, c'est-à-dire *que ce n'est que le* 8 que la dépêche télégraphique a été envoyée. Il n'y a donc eu de la part du gouvernement aucune intention de vouloir influencer les élections qui pouvaient rester à faire.

» *M. de Podenas.* Vous désavouez donc le préfet ? »

Eh bien ! voici cette dépêche qui est en original entre mes mains, et que je suis prêt à déposer chez un notaire où tout Paris pourra la voir :

DÉPÊCHE TÉLÉGRAPHIQUE DE PARIS DU 6 JUILLET 1831.

Quatre heures du matin.

M. le Ministre de l'intérieur au Préfet du Rhône.

« Paris est parfaitement tranquille.

» Les élections s'y annoncent, comme dans d'autres localités, sous les augures les plus favorables. Des majorités notables se sont prononcées. *Faites savoir cela à la réception de cette dépêche,* et mandez-moi sur-le-champ les élections connues dans votre département. »

Je n'ai pas, seul, reçu cette dépêche : elle a été expédiée sur toutes les lignes télégraphiques : le journal de Lille en a fait mention, et l'envoi en a été fait à mon beau-frère, M. Durbach, président du 3ᵉ collège de la Moselle. Je m'empressai de réclamer contre cet étonnant désaveu, par une lettre du 29 juillet, que j'adressai à M. le Président du conseil, en le priant de la faire insérer au *Moniteur*. Cette lettre a été supprimée, mais les autres journaux l'ont publiée. Le 5 août, a 8 heures du soir, je lui mandais de nouveau par le télégraphe : « Je m'afflige de n'avoir pas encore vu ma lettre dans le *Moniteur*. » Toutes mes instances, répétées verbalement quelques jours après, furent inutiles.

Maintenant M. le Président du conseil, calomniez-moi, niez, diffamez à votre aise ; on voit ce que valent vos assertions et vos dénégations présentées audacieusement à la tribune nationale, à la face de la France.

Ici il n'y a point de juste milieu : je suis un faussaire, ou vous êtes..... ce que je vous ai dit.

Redoublez vos persécutions ; je les brave, comme j'ai bravé celles de la Restauration. Je m'y attends ; car votre haine s'irrite de l'impossibilité de trouver sur quoi la fonder, et le sentiment de votre propre injustice est un terrible grief contre moi et que vous ne me pardonnerez pas. J'ai plus d'un genre de courage. Il me

RÉPLIQUE

AUX RÉCRIMINATIONS

INSÉRÉES

DANS LES JOURNAUX MINISTÉRIELS DU 6 JANVIER.

Je quittais Paris pour soigner ma santé. Les journaux ministériels du 6 janvier ont accueilli des récriminations auxquelles je dois répondre.

Je lutte seul, n'ayant d'autres forces que la vérité, d'appui que mes œuvres, de refuge que ma conscience, contre un homme tout puissant, colère et vindicatif, qui, ne jugeant de son autorité que par l'abus qu'il en fait, me poursuit de ses diffamations dans ma retraite, et jusque sur mon lit de douleurs; qui, non content de tout le mal qu'il a pu me faire directement, suscite contre moi des réclamations et des poursuites judiciaires (peu inquiétantes pour celui qui deman-

8

dait une enquête), et s'efforce de m'enlever le seul bien que je n'aie pas voulu lui sacrifier. Il augmente encore ses avantages, dans cette polémique, en se couvrant prudemment du voile de l'anonyme, de manière à pouvoir au besoin se désavouer lui même, suivant sa généreuse coutume, tandis que ma signature apposée au bas de mes publications en assume sur moi la responsabilité légale et morale. N'importe, et quelque discourtoises que soient les armes, fort de mon bon droit, j'accepterai le combat, et, malgré toute la hauteur du pouvoir de mon adversaire, je le ferai descendre du sommet de ses grandeurs pour l'asseoir avec moi sur la sellette de l'opinion publique, juge souverain de ces débats. Un cœur français ne sent-il pas quelque honte en voyant le chef du ministère se détourner des soins qu'il doit aux affaires publiques dans les grandes circonstances où nous sommes, pour s'abandonner à d'aussi misérables vengeances ? Mais aujourd'hui, pour certains hommes, l'intérêt d'un peuple, c'est l'intérêt personnel de ceux qui le gouvernent. Pauvre France !

Je ferai remarquer d'abord qu'aucune des imprévoyances et des fautes que j'ai reprochées au ministère comme ayant concouru à favoriser l'insurrection de Lyon et à en rendre impossible la répression, n'a été réfutée. J'en prends acte. Ainsi, il faut désormais tenir pour constant et avoué ce que j'ai dit :

1° De ma mésintelligence avec le Commandant militaire supérieur, de laquelle on n'a pas voulu prévenir les inconvéniens;

2° De la composition et de l'insuffisance de la garnison, que le Ministre de la guerre aurait certainement augmentée, si son collègue, chargé de la police du royaume, lui avait fait connaître l'état des choses;

3° De la nécessité d'une réorganisation de la police, vainement sollicitée par moi, et de l'insuffisance des frais de police secrète ;

4° Du danger de laisser si long-temps la seconde cour du royaume sans procureur-général, malgré tout le zèle de l'avocat-général qui en remplissait les fonctions, et de la faiblesse du ministère public de première instance;

5° De la déplorable désorganisation dans laquelle on a laissé tomber la garde nationale, par le coupable retard qu'on a mis à la nomination des chefs de légion et lieutenans-colonels, et ensuite du commandant supérieur;

6° De la part toute passive prise par l'autorité dans l'affaire du tarif, des indiscrétions ministérielles qui en ont arrêté l'exécution volontaire, et de l'approbation donnée à ma conduite, dans cette circonstance, le 17 novembre, par M. le Président du conseil, dans ces termes très-explicites : *Vous avez fait pour le mieux*, approbation confirmée par une anecdote que je crois devoir rapporter.

Un député, fort intéressé à ce qui se passait à Lyon, arrive un soir chez un pair de France, paraissant fort animé. On lui demanda la cause de son agitation. « Je viens, répondit-il, de chez le Président du conseil; il persiste à défendre le Préfet et le tarif. » Je nommerai au besoin le député, le pair de France et les personnes présentes.

Je ne reviendrai donc plus sur ces faits, sur lesquels on a passé condamnation.

De quoi donc se compose le long article auquel j'ai à répondre ? de récriminations, uniquement de récriminations. On ne cherche point à justifier M. le Président du conseil : sans doute on a reconnu qu'on l'essaierait en vain ; mais le long intervalle qui s'est écoulé entre mes publications et la réponse a été employé à fouiller dans les cartons de la Restauration pour y découvrir quelques sujets de diffamation contre moi ; on a violé le secret des lettres confidentielles pour en divulguer insidieusement les épanchemens : on s'est livré aux interprétations malignes, aux perfides réticences, aux suppositions gratuites, à la tromperie, aux injures, comme si ces ressources triviales de la mauvaise foi pouvaient prouver autre chose que l'injustice et la méchanceté de ceux qui y ont recours.

Voyons néanmoins quelles sont les inculpations que l'on s'est procurées contre moi par ces moyens immoraux et en respectant aussi peu les convenances admises entre les honnêtes gens, que la raison et l'équité. Je suivrai l'ordre dans lequel elles ont été présentées, afin de n'en laisser aucune sans une complète réfutation.

On paraît d'abord fonder de grandes espérances sur une délibération de la chambre de commerce de Lyon, qui devait se réunir le 28 décembre, *pour répondre à mes allégations* ; mais cette délibération a été publiée dans le *Précurseur* du 1er janvier, et loin d'en démentir aucune, elle les confirme toutes.

Ensuite on rappelle que j'ai dit dans la première proclamation adressée, non pas aux habitans du Rhône, mais aux habitans de Lyon, à l'occasion de l'émeute Prunelle, que je n'ai jamais servi la Restauration et prêté qu'un serment. Avec un peu de probité, on aurait copié fidèlement *que je n'avais jamais servi* NI TRAHI *la Restauration*. Qu'oppose-t-on à cette assertion? Une lettre que j'ai écrite, étant préfet de Tarn-et-Garonne, à M. l'abbé de Montesquiou, alors ministre de l'intérieur, le 3 mai 1814, et par laquelle je déclare que si le Roi m'honore de sa confiance, je m'efforcerai de la justifier. Mais en quoi cette lettre dément-elle ce que j'ai affirmé dans ma proclamation? Elle fait seulement connaître que le 3 mai 1814 (et je prie de remarquer cette date), étant encore en fonctions, je ne voulais pas déserter mon poste en présence des étrangers qui occupaient le pays, et que je partageais les espérances qu'inspirait à un grand nombre de bons Français le rétablissement d'une dynastie qui avait reçu les grandes leçons du malheur et s'annonçait sous les augures les plus favorables, en protestant que rien ne serait changé et qu'il n'y aurait qu'un Français de plus. Je n'ai pas tardé du moins à revenir de cette honorable erreur.

Ce n'est pas la seule déception dont j'aie été dupe, et, quoique proscrit par la Restauration, j'ai été plus cruellement victime de ma confiance en M. le Président du conseil. Elle me coûte plus cher. Un homme de bien peut se laisser entraîner à des engagemens dont on lui cache les conséquences; mais quand le danger lui en est révélé, le seul moyen qu'il ait d'en montrer son repentir est une prompte rupture, et c'est ce que j'ai fait.

Dans l'intention marquée d'indisposer contre moi *une certaine nuance d'opinion*, on a honnêtement publié une lettre particulière et toute confidentielle que j'ai écrite à M. Casimir Périer, alors simple citoyen, le 12 mars 1830, et une autre que je lui ai adressée le 15 du même mois, à son avénement au pouvoir, au sujet de l'association nationale qui venait de prendre naissance à Metz. Je dirai d'abord que je ne me suis jamais enrôlé sous les bannières d'aucun parti, et que je défends ma cause sans chercher à l'étayer par la brigue ou l'intrigue; j'ajouterai que cette révélation indiscrète est en pure perte pour celui qui l'a faite; elle n'a rien appris à personne. Tous mes concitoyens savent que j'ai, le premier en France, attaqué l'association par plusieurs articles insérés dans l'*Indépendant* et répétés par d'autres journaux. Je n'ai jamais désavoué mes œuvres. Mais en blâmant cet acte, qui me semblait contenir le germe de plus d'un danger, surtout dans sa rédaction primitive qui a été modifiée depuis, je me suis affligé, et je l'ai dit, de le voir souscrit par plusieurs de nos magistrats et de nos plus honorables concitoyens, pour qui je fais profession d'estime et d'attachement. J'ai été élevé à une école de gouvernement où l'on m'a appris que les associations politiques et les clubs ont toujours été les sources empoisonnées de l'anarchie. Il me semble qu'il y a bien peu de loyauté, de la part de M. le Président du conseil, à me faire un tort de cette opinion.

Je suis toujours obligé de rétablir le texte défiguré de mes écrits, lors même que leur insertion dans vingt journaux en atteste l'indigne mutilation. Voici ce que j'ai dit après avoir parlé de mon entrevue avec M. le Président du conseil, dans la soirée du 13 décembre :

« Il m'engagea encore à aller le voir et à faire » part de mes vœux à son frère Joseph, avec qui

» j'avais, depuis vingt ans, des relations d'amitié.

» Je sortis avec un de ses amis, M. Glasson, à
» qui je dis que si le Ministre était bien conseillé,
» il ne m'attaquerait pas ; que j'étais armé de
» toutes pièces pour me défendre, et que les rieurs
» ne seraient pas de son côté, malgré toute sa puis-
» sance. Je lui racontai quelques faits propres à
» faire connaître que ma position avait été pré-
» sentée par le ministère et dans les journaux
» sous un faux jour. Il me quitta, en m'exprimant
» l'intention d'aller, le lendemain à 8 heures du
» matin, voir M. Périer pour lui faire quelques
» observations.

» Vers 9 heures il vint chez moi, sortant de
» chez le Ministre, me dire que M. Périer retar-
» derait de deux jours son rapport à la Chambre,
» et me demander si j'acceptais une place de con-
» seiller d'État en service ordinaire. Je lui répon-
» dis que non, quoique j'en eusse d'abord ex-
» primé le désir ; mais que décidément je n'en
» voulais pas. »

Une note de l'article auquel je réponds m'ayant
appris que M. de Glasson avait réclamé dans le
Constitutionnel du 31 décembre, j'ai fait prendre
cette feuille qui contient, en effet, une lettre por-

tant sa signature, mais qui n'a certainement pas été écrite par lui. Elle diffère trop de formes, de style et de ton avec celle que j'ai reçue de lui le 27, et qui est bien de lui; elle dénature trop les faits; elle est trop évidemment démentie par le texte même que je viens de reproduire; enfin il y est trop représenté comme un rodomont qui m'a fait peur, pour que je puisse croire qu'il en soit l'auteur. C'est un mauvais tour qu'on lui a joué. M. de Glasson est un respectable vieillard, qui paraît être fort doux, fort pacifique, et qui ne méritait pas un pareil ridicule. Il a de dangereux amis. M. de Glasson ne peut s'être vanté de m'avoir fait fuir de Paris, plus terrible pour moi que l'insurrection victorieuse qui ne m'a pas fait sortir de Lyon. Il n'a pas pu écrire que, dans sa lettre du 27, il avait demandé la rectification du passage qui le concerne *ou la réparation d'usage entre les gens de cœur*, lorsque la publication de cette lettre devait lui donner un démenti formel. La voici, et pour plus de fidélité, je copie littéralement.

« Monsieur,

» A mon grand étonnement, je viens de lire dans le *Con-*
» *stitutionnel* de ce jour que M. le Président du conseil m'a-

» vait chargé de vous offrir une place de conseiller d'État
» en service ordinaire.

» Je vous rappellerai, Monsieur, que c'est sur votre *invi-*
» *tation* de la veille que je me suis rendu auprès de vous, un
» matin où vous étiez malade, et fort occupé de votre mé-
» moire.

» Vos souvenirs sont en défaut sur le fait que vous avez
» avancé ; je ne doute pas que vous voudrez bien le rectifier
» vous-même, sans que j'aie besoin d'insister davantage
» auprès de vous.

» J'ai l'honneur, etc.

» *Signé* DE GLASSON.

» Paris, 27 décembre 1831. »

Cette lettre, manquant de franchise, me faisait
dire *ce que je n'avais pas dit,* je ne crus pas devoir
y répondre. Elle supposait faussement que c'était
à mon invitation que M. de Glasson s'était rendu
chez moi, quoique je n'eusse ni droits ni motifs pour lui faire cette demande indiscrète ; je le
connaissais si peu, qu'avant d'avoir vu sa signature, je ne me doutais pas qu'il eût l'honneur
d'appartenir à la classe nobiliaire, et je ne lui
avais jamais adressé la parole que dans cette
même soirée, chez M. le Président du conseil,
pour lui demander une prise de tabac. Et quelle

aurait été l'intention de cette invitation de ma part, suivant les explications fournies au *Constitutionnel?* Parce que je voulais communiquer à M. de Glasson mon *mémoire.* « La violence du » langage de l'auteur, dit la lettre qui lui est » attribuée, était évidemment aussi nuisible à sa » cause qu'inconvenante à l'égard de l'homme » honorable dont je suis l'ami depuis trente ans. » Je devais espérer que des observations raison- » nables calmeraient son exagération. »

De quel mémoire veut-on parler? Je n'étais occupé que du rapport d'administration sur les événemens de Lyon qui m'avait été demandé par M. le Président du conseil, et qui ne devait être autre chose que la répétition de mes rapports partiels. Il ne pouvait donc donner lieu à *la violence du langage* dont aurait pu s'offenser M. le Président du conseil, avec qui je n'étais pas encore brouillé, et j'ai assez l'habitude de cette sorte de travail pour qu'il n'ait pas dû approcher de ma pensée de le soumettre à la censure d'un inconnu, auteur de la lettre que je viens de transcrire.

J'affirme que les choses se sont exactement passées entre M. de Glasson et moi ainsi qu'elles ont été rendues par les journaux du 27 décembre, et que je viens de le répéter. Je n'ai pas dit que M. de Glasson avait été chargé par M. le Président du conseil de m'offrir une place de conseiller d'État en service ordinaire; mais j'ai dit qu'il était venu chez moi, à neuf heures, sortant de chez M. Casimir Périer, où il devait être allé à huit heures, suivant l'intention qu'il en avait manifestée la veille, et qu'il m'avait demandé si j'accepterais une place de conseiller d'État en service ordinaire. Quoique je ne l'aie pas exprimé, je n'avais pas moins l'intime conviction que cette question m'était faite de la part de M. le Président du conseil; et, en vérité, je ne vois pas ce qu'il y a de si téméraire dans cette opinion, et en quoi elle peut offenser. Quant à M. de Glasson, s'il était vrai qu'il désirait de plus amples explications, *les amis* qu'il m'a envoyés à l'hôtel Meurice auraient dû lui apporter mon adresse que j'y ai laissée, et je le prie de croire que, tout malade, tout alité que je suis, un mot de lui m'aurait fait faire plus de la moitié du chemin pour aller au-devant de lui. Au surplus, je ne lui ferai pas faute, et il peut être sûr qu'il me retrouvera.

J'étais si convaincu que l'offre d'une place au Conseil d'Etat (de laquelle je portais déjà le titre) me venait du Président du conseil, surtout après sa recommandation *de faire part de mes vœux à son frère*, que je lui écrivis le lendemain ma lettre du 15, pour lui faire connaître *ce que je pouvais accepter*. C'est dans cette lettre que, me référant à la proposition que j'avais faite, dès le 17 décembre, de permuter avec M. Sers, je rappelais que la préfecture de la Moselle avait toujours été l'objet de tous mes désirs. Pour tout autre, c'eût été aspirer à descendre ; mais, indépendamment des avantages particuliers que je trouvais à me rapprocher de ma famille et de mes intérêts privés, j'appréciais bien haut l'honneur de dévouer ce qui me reste de vie et de famille aux intérêts d'une population de concitoyens animés d'un si excellent esprit, et à qui j'aurais pu dire : « La terre qui vous porte est la terre où je suis né ; les fibres de mon cœur doivent vibrer au même son. »

Si cette lettre aussi n'avait pas été tronquée, si elle avait été publiée tout entière, on aurait vu que je mettais pour condition à ce changement qu'il serait dans les convenances de M. Sers, et que j'exprimais même le désir qu'on lui donnât en même temps le titre de conseiller d'État ou un grade dans la Légion-d'Honnèur. Il y a de la perfidie dans cette réticence. Dans toute ma correspondance, dans toutes mes conversations ministérielles, j'ai toujours parlé de M. Sers comme de l'un des meilleurs administrateurs du royaume, d'un homme de bien, d'un magistrat consciencieux. On a déloyalement, et non sans intention, supprimé ces justes éloges; si l'on avait pu découvrir quelque chose qui eût pu me nuire auprès du préfet de mon département, on se serait empressé de le publier.

Après la révolution de juillet, je ne fus pas un des plus lestes à courir à la curée des places. Lorsque je vis M. Guizot, alors ministre de l'intérieur, il me demanda ce que je désirais : « Rien, » lui répondis-je ; j'ai engagé une notable portion » de ma fortune dans des établissemens indus- » triels qui ne me permettent pas de m'éloigner. » Je n'aurais pu accepter que la préfecture de la » Moselle ou celle de la Meurthe; mais elles vien- » nent d'être données; qu'il n'en soit plus ques- » tion. » Le Ministre me dit alors que la préfecture de la Meurthe pourrait devenir vacante dans trois mois, dans six mois; et, en me congédiant, il ajouta : « Allez à Metz attendre Nancy. »

M. de Montalivet sait aussi que j'ai refusé, en présence d'un grand nombre de personnes, et notamment de M. Étienne, la préfecture qu'il m'a offerte plus tard. Ce fait a été confirmé au Prince royal, à Lyon, devant moi, par M. le maréchal Soult.

Vers le même temps, la préfecture de la Moselle ayant été demandée pour moi par un ministre puissant, je fis connaître que je ne pourrais pas l'accepter, par les mêmes raisons qui me l'ont fait refuser dans les Cent-Jours. La guerre était imminente; dans mon opinion, elle n'aurait pu être soutenue que par des moyens révolutionnaires, dont je ne voulais pas être l'instrument envers mes concitoyens.

Si j'en ai fait la demande au moment de l'association nationale, que M. Casimir Périer ait donc la loyauté d'avouer que toujours j'y ai mis la condition expresse que M. Sers n'y perdrait rien, et qu'il donnerait son consentement à une mutation qui paraissait alors lui convenir.

Je ferai observer ici que je demandais 6,000 fr. de fonds de police à titre de supplément de traitement. D'où serait donc venue la confiance qui dictait cette demande, si je n'avais pas obtenu à Lyon des frais de représentation, sur les mêmes fonds, ainsi que j'achèverai de le démontrer tout-à-l'heure?

Je n'ai pas dit que je n'avais plus que 6,000 fr. de revenus; mais, que je ne voulais plus dépenser annuellement que cette somme au service de l'État. J'avais déjà fait trop de sacrifices pour qu'il pût m'être permis de consommer la ruine de ma femme et de mes enfans.

Quant à ma lettre du 15 octobre, relative au tarif, je n'avais aucun intérêt à la supposer, puisque M. le Président du conseil n'a pas plus répondu à celles du 25 et du 26, que quand il a su que le tarif était adopté. J'ai déjà prouvé qu'elle est implicitement rappelée dans ma correspondance postérieure. Les préfets ne sont pas dans l'usage de tenir un registre de départ dans leur cabinet, et je ne crois pas qu'il en existe un seul exemple. Si le dossier concernant les événemens de Lyon n'a pas été trouvé dans mon cabinet après mon départ, c'est parce qu'il est à la division de la police. Je me suis borné à en tirer quelques copies. La lettre du 15 est dans le recueil de mes minutes, même papier, que je n'ai vu qu'à Lyon, même format, même encre, même caractère d'écriture que toutes mes minutes du même temps. Je suis prêt à la soumettre à l'examen d'experts atramentaires. Quand je demandais une enquête, quand j'étais appelé à Paris pour rendre compte *des faits de mon administration*, je devais nécessairement emporter les minutes de ma correspondance. Je conçois que l'on aurait mieux aimé que je me présentasse désarmé aux coups perfides que l'on s'apprêtait à me porter. Si c'est un crime, pourquoi n'en saisit-on pas les tribunaux ? M. Paulze d'Ivoi emportait des pièces officielles, des instructions ministérielles nécessaires à mon administration : il s'y croyait autorisé. Je l'ai loyalement prévenu qu'il était de mon devoir d'en rendre compte ; je l'ai fait, et ces pièces m'ont été renvoyées par M. le Président du conseil.

Je suis sommé de fournir encore une fois des explications que j'ai déjà données relativement aux frais de représentation qui m'étaient alloués à Lyon. Il est commode de reproduire sans cesse les mêmes objections, sans parler des réfutations. N'importe, je ne m'effacerai devant aucune exigence.

Par ma lettre du 11 juin, j'ai demandé que l'allocation de 10,000 fr. pour frais de police fût doublée.

Le 16, je reçois un mandat de 3,000 fr., avec une quittance imprimée à signer, stipulant que cette somme est pour *dépenses extraordinaires de police*.

J'ai dû la considérer comme le premier terme du supplément de traitement qui m'aurait été offert et promis par M. le Président du conseil; ce qui prouve ma bonne foi à cet égard, c'est que je dis dans mon accusé de réception : « L'impu-» tation ainsi précisée de ces fonds ne remplit » pas le but de mon rapport du 11 de ce mois. » Je désirerais savoir sur quelle somme annuelle » je puis compter pour *un service régulier.* » Je comprenais très-bien que le Ministre ne pouvait m'accorder cette indemnité que sur les fonds de police, puisqu'il n'en avait point d'autres à sa disposition.

La lettre du 6 juillet n'est point une réponse à la mienne du 11 juin ni à celle du 25, puisque je demandais expressément, par elles, que l'on me fît connaître sur quelle somme annuelle je pouvais compter pour établir un service régu-

lier. Elle n'avait d'autre objet que de me confirmer, en style de bureaux qui n'étaient pas
dans la confidence, l'envoi, pour le trimestre
d'octobre, de la même somme de 3,000 fr. que
j'avais reçue pour celui de juillet. Que l'on veuille
bien remarquer que ces 6,000 fr. m'étaient accordés pour les six mois de juillet à décembre,
ce qui fait bien 12,000 fr. par an, ou 3,000 fr.
par trimestre. Il est encore bon de savoir que
la division de la comptabilité ayant compris,
comme on voudrait encore le donner à entendre, que l'allocation des 6,000 fr. était annuelle,
n'expédia pour le trimestre d'octobre qu'un mandat de 1500 fr. J'en écrivis à M. Foudras, chef
de la division de la police, en lui montrant de
la répugnance à faire d'une question d'argent
qui m'était personnelle l'objet d'une réclamation officielle. D'où me serait donc venu ce scru-
pule, si j'avais dû être étranger à la destination
de ces fonds?.... Un second mandat de 1500 fr.
me fut envoyé, et le Ministre me manda le
8 novembre : « Je fais mettre à votre disposition
» les 1500 fr. qui vous restent à recevoir sur
» les fonds *supplémentaires* de police qui vous
» ont été alloués pour le trimestre actuel, et

» *vous en avez, avec raison, fait la demande.* »

Si ces fonds supplémentaires avaient la même affectation que les 10,000 fr. du service ordinaire, pourquoi donc ne pas les comprendre, avec ceux-ci, dans un seul et même mandat ? Pourquoi leur donner une autre dénomination ? Pourquoi stipuler, dans la quittance, qu'ils doivent acquitter *des dépenses extraordinaires* sans existence ? Pourquoi en faire l'envoi à des époques différentes et en tenir un compte séparé ?

Mais ce qui lèvera tous les doutes, s'il pouvait en rester encore, c'est que, le 7 décembre, au moment de mon départ de Lyon, j'ai confié à mon successeur que j'avais joui de 3,000 fr. de frais de représentation sur les fonds de police, et je lui ai conseillé de les demander. M⁺ de Gasparin est incapable de nier ce fait. Il paraît, d'ailleurs, qu'il n'a pas perdu de temps à suivre mon conseil; car nous avons vu à la Chambre M. le Président du conseil me porter en compte une somme de 3,000 fr., qu'il disait m'avoir envoyée le 14 décembre, et que, sur mon démenti, les journaux ministériels ont dit avoir été remise à mon successeur. Quel devrait donc être l'emploi de cette somme, lorsqu'on sait que M. de Gasparin venait de recevoir de la main à la main cent mille francs de fonds de police ?

Enfin, comment aurai-je pu demander, pour Metz, un supplément de traitement qui ne m'aurait pas été alloué à Lyon ?

Ne perdons pas de vue, toutefois, l'allégation qui a donné lieu à cette discussion. M. Périer avait présenté à la Chambre un compte d'après lequel j'aurais reçu, *pour quatre mois*, 14,000 fr. de fonds de police, ce qui ferait 42,000 fr. par an. Eh bien, en accordant, pour un moment, que les 6,000 fr. de frais de représentation pussent être confondus avec les fonds de police, et faisant même recette des 2,500 francs qui m'ont été remis par mon prédécesseur (sur quoi je lui ai remboursé les dépenses du mois d'avril), on n'arrivera encore qu'à 13,500 fr. *pour neuf mois.*

M. le Président du conseil ne saurait nier que je n'ai accepté ni le premier ni le second jour l'offre qu'il me faisait de la préfecture du Rhône. « Vous me demandez un trop grand sacrifice de » mes intérêts privés, lui dis-je; envoyez à Lyon » M. Sers ou M. Arnault, et donnez-moi Metz ou » Nancy. » Il me répondit obligeamment : « Ces » positions n'ont rien d'assez difficile pour vous;

» vous savez bien que je ne veux vous donner que
» du difficile. »

J'expliquerai bientôt à quoi ces mots faisaient
allusion.

On prétend que l'énorme sacrifice auquel j'ai
consenti trouvera des incrédules : on ne peut
croire à un dévoûment dont on se sent incapable.
Mais voici les faits.

Par bail authentique du 12 septembre dernier,
j'ai loué à MM. Vopélius frères, fabricans prus-
siens, mes mines et mes usines pour douze
années, à raison de 6,000 fr. pour chacune des
deux premières, et de 10,000 fr. pour chacune
des dix autres. On conçoit facilement que l'appât
d'un bénéfice considérable a pu seul déterminer
ces étrangers à payer ce prix de ferme de mes établissemens, situés sur l'extrême frontière, dans
les circonstances critiques où nous étions alors,
et dont nous ne sommes pas encore sortis. Il est
d'ailleurs notoire dans le département de la Moselle que j'exploitais moi-même mes bois, et que
je faisais valoir deux terres, dont l'une est en
Prusse. Il me fallait abandonner brusquement
tout cela à des soins mercenaires, ou affermer à
vil prix. M. Périer est homme de finance, qu'il

prenne des renseignemens et qu'il fasse le compte.

Le lendemain du jour où il m'a fait cette of-fre, dans le cabinet de son frère Joseph, j'ai été un peu soulagé de la reconnaissance que devait m'inspirer cette marque de confiance, en apprenant de la bouche de plusieurs de ses collègues que le choix du successeur de M. Paulze d'Ivoi avait été mis en délibération au conseil des ministres, et que j'avais été désigné à l'unanimité des suffrages. Il savait d'ailleurs que j'avais été proposé au Roi pour la préfecture de police ou pour la préfecture de la Seine.

Non, la lettre par laquelle M. le Président du conseil m'a invité à m'occuper des journaux de Lyon, *qui occupaient sa sollicitude avant que l'administration du département du Rhône me fût confiée*, n'est pas du 11 juin. J'ai dit positivement qu'elle était du 16 mai, deux jours après mon installation, et qu'elle m'avait été remise par M. César Jourdan, son parent, chargé de se concerter avec moi sur les moyens d'exécution. Elle est terminée par ces mots : « Je désire que vous puissiez réaliser incessamment des vues dont l'utilité se révèle d'elle-même, *et je m'empresserai de vous en faciliter les moyens.* »

Oui, tout est expliqué relativement à la dépêche télégraphique que vous avez désavouée. Vous avez dit expressément que le 6 aucune dépêche n'a été envoyée, qu'il n'en est pas parti davantage le 7, et que ce n'est que le 8 ; *alors que les élections étaient consommées dans une grande partie de la France*, que vous en avez écrit une au préfet des Bouches-du-Rhône. Or, la dépêche est bien du 6, à quatre heures du matin ; et c'est à moi qu'elle a été adressée, ainsi qu'à tous les préfets des lignes télégraphiques.

On demande : Pourquoi donc M. Bouvier-Dumolard écrivait-il à l'époque des dernières élections de Lyon :

« M. Paulze d'Yvoi est coulé à tout jamais. Le petit écrit que je vous envoie l'avait fortement ébranlé : sa réponse, que vous trouverez également ci-jointe, l'a achevé ? »

Pourquoi ce petit écrit est-il corrigé de la main même de M. Bouvier-Dumolard?

Et pourquoi disait-il dans une autre lettre du 21 juin : « Un électeur, membre du conseil géné-
» ral, a fait, dans *le Précurseur*, un article fort
» bien raisonné contre l'élection de M. Paulze
» d'Yvoi : je l'ai fait réimprimer pour être adressé

» à tous les électeurs du 4ᵉ arrondissement ? »

Et pour prévenir une objection qui se présente naturellement, on a soin d'ajouter : « que ni lui,
» ni personne, ne songe au reste à induire de
» cette circonstance que le ministère ait quel-
» quefois cherché à influencer, même indirecte-
» ment, les élections. On porte à qui que ce soit,
» député ou préfet, le défi de citer aucun fait et
» de prouver que le ministère ait jamais dérogé
» en cette manière à son système de légalité. »

Je répondrai en quatre mots : tout cela est faux.

Je n'ai jamais écrit rien de semblable à M. le Président du conseil. Ce n'est point dans ce style que sont établis les rapports des préfets avec les ministres. Jamais je n'ai corrigé ni fait réimprimer aucun écrit concernant M. Paulze d'Yvoi. Le public prononcera entre deux hommes dont l'un, qui affirme, a été convaincu de mensonge à la tribune nationale, et dont l'autre, qui nie, défie qui que ce soit au monde de prouver qu'il se soit jamais écarté de la vérité.

Mais je me permettrai de répéter ici un dilemme que j'ai déjà posé à M. le Président du conseil : Ou vous croyez aux faits graves dont vous m'accusez, et alors il y a prévarication de votre part à ne m'avoir pas destitué; ou vous n'y croyez pas, et vous êtes un calomniateur. Celui qui tolère le mal qu'il a mission d'empêcher est aussi coupable que celui qui le commet : il est son complice ; il est quelquefois davantage.

Je ne rechercherai pas s'il est exact de dire que MM. Périer frères n'ont plus que pour 8,000 fr. de terrains dans la presqu'île de Perrache, et s'ils n'y ont pas aussi *des usines*. Je ne ferai pas observer non plus que la translation du palais de justice dans ce désert, et toutes les constructions particulières qui devaient en être la conséquence nécessaire, y auraient élevé la valeur des terrains à bâtir dans la proportion d'un à cent, d'un à mille peut-être. La question n'est pas là : il s'agit de savoir si un correspondant de MM. Périer frères a été mis en relation avec moi pour plaider cette cause, et s'il m'a été écrit chaudement par l'un d'eux. Répondez.

On affirme que M. Périer n'a jamais eu avec moi d'autres relations, à aucune époque. *Si les faiseurs* avaient été mis plus complètement dans le secret, ils sauraient que c'est moi qui le premier ai été chargé de négocier son entrée au ministère. Ne voulant pas lui susciter des ennemis personnels, je tairai les motifs de son refus, et je me bornerai à dire qu'ayant été reconduit par lui jusqu'à la rampe de son escalier, il répondit à mes dernières instances : « Non, le temps n'est pas » venu ; je ne puis manquer d'arriver au pouvoir, » mais il faut attendre encore. Souvenez-vous que » vous en aurez alors votre part, et que je ne vous » donnerai que du difficile. » Dites, monsieur Périer, est-ce vrai ?

Maintenant, avez-vous tout dit ? Je ne le pense pas : vous n'avez pas encore parlé de ces vieilles tracasseries suscitées contre ma comptabilité de Montauban par la réaction de 1814. Vous avez fait tant de réticences, qui n'étaient pas toutes seulement mentales, que vous auriez bien pu taire encore que, lorsqu'il a été question de ma nomination à Lyon, le dossier de cette interminable affaire a été présenté au conseil des ministres, et que, d'après un rapport fait par M. le baron d'Haubersaert et M. Rosman, chef de la comptabilité centrale, il a été reconnu par le conseil que les réclamations qui m'avaient été faites étaient l'œuvre de la passion et de l'injustice. Un financier qui fait son noviciat en administration dans une place de premier ministre peut très-bien ignorer aussi que les préfets sont *ordonnateurs* et non *comptables;* que leur responsabilité est toute morale, et que, jamais et dans aucun cas un écu ne passant par leurs mains, il y a absurdité et bêtise à leur demander des restitutions pécuniaires. Vous auriez tu aussi que j'ai exigé une solution quelconque comme condition de ma rentrée dans les affaires publiques, et que c'est *sur ma demande* qu'il a été nommé une commission du conseil d'État pour s'en occuper.

Mais vous y reviendrez. Je m'y attends bien ; et aussi long-temps que vous serez au pouvoir, je répéterai soir et matin la prière des Spartiates : « Dieux, donnez-moi la force de supporter l'injustice ! »

Vous terminez vos indignes personnalités en disant que j'aurais mieux fait de me taire, et que vous m'en aviez donné le conseil. Je ne sais si je m'abuse, mais il me semble que, dans votre intérêt, vous auriez dû vous l'appliquer. Vos rapports diffamatoires à la Chambre, sans que vous ayez jamais voulu dire un seul mot de ce qu'il y avait incontestablement de louable dans ma conduite à Lyon, ne me laissaient rien à perdre, rien à ménager, et il y aurait eu lâcheté à garder le silence plus long-temps. Je savais bien que vous auriez pour vous la tourbe nombreuse des flatteurs du pouvoir; mais il y a encore en France des âmes libres, vigoureuses, incapables de rendre au mensonge des hommages qui ne sont dus qu'à la vérité. Vous tomberez d'ailleurs à votre tour, et nous verrons alors lequel de nous deux jouira le plus dans sa retraite de l'estime publique et de la paix du cœur. Aujourd'hui même, sous le coup de vos persécutions, je suis certainement plus heureux que vous, et je n'envie rien de votre prospérité. Vous tomberez..... Jeter la politique hors des intérêts généraux *pour l'asservir à des intrigues, à des intérêts individuels ;* regarder comme un trait de sagesse et un moyen de sûreté de braver le peuple; heurter sans cesse, au risque de le briser, le sceptre du pouvoir contre le sceptre de l'opinion, et ne répondre à l'expression des besoins moraux et matériels que par la logique du despotisme; distribuer l'éloge et le blâme de manière à donner au plus honnête homme l'envie d'être diffamé, ce n'est point gouverner une grande nation, c'est conspirer contre elle. On le sent; on en a honte, on se le dit; il se forme contre vous une confédération tacite de tous les cœurs généreux, de tous les hommes qui ont quelque sève dans l'âme; et quand les Français se sentent humiliés du joug qui pèse sur eux, ils ne tardent pas à s'en débarrasser; vous tomberez renversé par l'opinion, dans laquelle est aujourd'hui toute la force publique.

Que si l'auteur de ces paroles vous les rend suspectes, écoutez ce qu'a dit un de vos amis :

« Les situations équivoques sont les pires.....
» Qu'est-ce donc qu'un ordre de choses où tout
» est faible et incapable tour à tour, où la moin-
» dre effervescence populaire dompte le pouvoir?..
» Regardez-y bien ; il y a là un état bizarre et qui
» mérite d'être étudié.

» Refuser au droit son empire, ajourner toute
» institution, se soustraire à la domination des
» intérêts généraux, ne rien faire pour l'avenir,
» c'est frayer la route à l'ancien régime.... Un seul
» gouvernement peut lui ôter l'espoir, c'est celui
» des principes, des sentimens, des intérêts nou-
» veaux, hautement adoptés, fermement suivis,
» étalés même avec complaisance.

» Vous travaillez à faire du pouvoir un vaste
» mensonge, et vous demandez qu'il obtienne ce
» respect, cette haute condition, cette supréma-

» tie librement avouée qui n'appartiennent qu'à
» la vérité? C'est aussi trop insulter au bon sens!
» Votre pouvoir est faux, factice; ce n'est pas dans
» le sol qu'il a ses racines. » (Guizot, *des Moyens
de gouvernement*, etc.)

9 782019 631468